JOHANNES MAGER

AUF DEN SPUREN DES HEILIGEN GEISTES

**DAS WIRKEN DES HEILIGEN GEISTES
NACH DEM ZEUGNIS DER SCHRIFT**

ADVENT-VERLAG

Projektleitung: Elí Diez
Redaktionelle Bearbeitung: Günther Hampel
Korrektorat: Wolfgang Andersch, Reinhard Thäder
Titelfoto: The Stock Market
Einbandgestaltung: Studio A Design GmbH, Hamburg
Satz: DDP

Die Bibelzitate sind – falls nichts anderes vermerkt – der Bibelübersetzung Martin Luthers (Revision 1984) entnommen. Ansonsten bedeutet
EB = Elberfelder Bibel (rev.)

© 1999 Advent-Verlag GmbH, Lüner Rennbahn 16, D-21339 Lüneburg
Gesamtherstellung: Grindeldruck GmbH, D-20144 Hamburg
Das Werk einschließlich aller seiner Teile ist urheberrechtlich geschützt.
Jede Verwertung außerhalb der engen Grenzen des Urheberrechtsgesetzes ist ohne Zustimmung des Verlags unzulässig und strafbar. Das gilt insbesondere für Vervielfältigungen, Übersetzungen, Mikroverfilmungen und die Verarbeitung in elektronischen Systemen.
Alle Rechte vorbehalten – Printed in Germany
ISBN 3-8150-1829-3

Inhalt

Inhalt 5

Einführung 9

Kapitel 1
**Die Gemeinschaft des Heiligen Geistes
mit dem Vater und dem Sohn** 15

Kapitel 2
**Das Wirken und die Verheißungen
des Geistes Gottes im Alten Testament** 23
  Hermeneutische Vorbemerkungen (23)
  Der Geist Gottes als schöpferische
    und ordnende Macht (26)
  Der Geist Gottes als einigende
    und befreiende Macht (27)
  Der Geist als Kraft, der Menschen auf Zeit
    ermächtigt und entmächtigt (29)
  Der Geist, der bleibend im Menschen ist (30)
  Der Geist als Geber von Gaben (32)
  Das Wirken des Geistes in den Propheten (33)
  Verheißung eines qualitativ und quantitativ
    veränderten Wirkens des Geistes (36)
  Verheißung eines kommenden Geistträgers (38)
  Zusammenfassung (40)

Kapitel 3
Jesus: Gottes Geist-vollster Zeuge.................... 43
  Das Geistwirken in Verbindung mit der Geburt
    und Inkarnation des Sohnes Gottes (44)
  Zusammenfassung (47)
  Die Geistsalbung in der Taufe bedeutet
    die Einsetzung des Christus in seine Aufgabe (48)
  Zusammenfassung (51)
  Das öffentliche Wirken Jesu in der Kraft des Geistes (52)
  Zusammenfassung (56)
  Der Geistgesalbte verheißt das Kommen
    und beschreibt das Wirken des Parakleten (56)
  Der Geistträger offenbart die Personalität des Geistes
    und die Beziehung des Geistes zum Vater
    und zum Sohn (trinitarische Strukturen) (62)
  Zusammenfassung (65)

Kapitel 4
**Die Bedeutung der Ausgießung
des Heiligen Geistes** 67
  Vorgeschichte und Voraussetzungen
    für die Sendung des Geistes (67)
  Das Ereignis der Geistausgießung zu Pfingsten –
    vorübergehende Begleiterscheinungen
    und bleibende Wirkungen (73)
  Das heilsgeschichtliche Ereignis der Geistausgießung –
    ein für allemal oder immer wieder? (79)
  Zusammenfassung (86)
  „Frühregen" und „Spätregen" (87)

Kapitel 5
**Geistestaufe und Geisterfülltsein
im Neuen Testament**................................. 91
  Das einmalige Getauftwerden im Heiligen Geist (92)
  Zusammenfassung (96)

Das wiederkehrende Erfülltwerden mit Heiligem Geist
  als Voraussetzung für besondere Aufgaben (97)
Das wiederkehrende Erfülltwerden mit Geist
  als Gebot für die christliche Existenz (100)
Zusammenfassung (107)
Mit dem Heiligen Geist Schritt halten –
  die lebenslange Aufgabe jedes Christen (107)

Kapitel 6
**Die Geistesgaben im Dienst der Gemeinde
und die Geistesfrucht zum persönlichen
Wachstum**.. 113
Eine notwendige Verhältnisbestimmung zwischen
  dem Heiligen Geist als Gabe und den Gaben
  des Geistes (114)
Der trinitarische Ursprung der Charismen (115)
Reichtum und Vielfalt der geistlichen Gaben (117)
Charismen im Neuen Testament (121)
Zusammenfassung (123)
Zweck und Ziel der geistlichen Gaben (123)
Charismen erkennen, einsetzen und entwickeln (130)
Zusammenfassung (135)
Die Geistesfrucht – ein Weg,
  weit über die Gaben des Geistes hinaus (136)

Kapitel 7
Heiliger Geist und Adventhoffnung 143
Gottes Geist umfaßt unsere Vergangenheit,
  Gegenwart und Zukunft (143)
Der Heilige Geist ist die gegenwärtige „Anzahlung"
  unserer zukünftigen Erlösung (145)
Der Heilige Geist als Garant der
  zukünftigen Auferstehung (147)
Gottes Geist hält in uns die Hoffnung und
  das Warten auf das Kommen Jesu lebendig (149)

Zum Nachdenken
Was heißt, sich auf den Heiligen Geist zu verlassen? 153

Anhang
Literaturverzeichnis 155

Einführung

In der ersten Hälfte unseres Jahrhunderts war der Heilige Geist kein herausragendes Thema in theologischen Veröffentlichungen. Er führte mehr ein Rand- und Schattendasein. Der Schweizer Theologe Emil Brunner schrieb 1951, daß der Heilige Geist „immer mehr oder weniger das Stiefkind der Theologie gewesen ist und die Dynamik des Geistes ein Schreckgespenst für die Theologen."[1]

In den dogmatischen Werken wird die Pneumatologie oft nur am Rande behandelt oder kommt als eigenständige Größe gar nicht ins Blickfeld. Wolfgang Trillhaas formulierte, daß „die Angst vor einer mißbräuchlichen Berufung auf den Heiligen Geist zu einer dogmatischen Angst vor dem Heiligen Geist geworden"[2] ist. Die Theologie ist ihrem Wesen nach mehr auf den Logos und damit auf das „Logische" ausgerichtet, weniger aber auf das Dynamische und für unser Denken „nicht-logische" Wirken des Geistes Gottes.

Die Situation hat sich in der zweiten Hälfte des zwanzigsten Jahrhunderts grundlegend geändert. Mit dem Aufbruch der charismatischen Bewegung in den sechziger Jahren, die fast alle christlichen Kirchen beeinflußte oder erfaßte, wurde der Heilige Geist wieder Gesprächsthema. Seither sind viele Veröffentlichungen erschienen, zuerst im angelsächsischen, dann im europäischen Sprachraum, die besonders die Gaben des Geistes thematisieren und häufig kontrovers diskutieren. Oft konzentriert sich die Auseinandersetzung in einer gewissen Engführung auf die Glossolalie, das prophe-

---

[1] Brunner, Emil, *Das Mißverständnis der Kirche,* Evangelisches Verlagswerk, Stuttgart, 1951, S. 48.
[2] Trillhaas, Wolfgang, *Dogmatik*, 3. Auflage, Berlin, 1972, S. 408.

AUF DEN SPUREN DES HEILIGEN GEISTES

tische Reden und die Heilungsgabe. In den letzten Jahrzehnten ist eine weitere Entwicklung erkennbar. Der Blick richtet sich vermehrt von den Gaben des Geistes hin zu dem Geber der Gaben. Eine Reihe bedeutender Veröffentlichungen über den Heiligen Geist sind von katholischer und evangelischer Seite erschienen[1]. Die Pneumatologie (Lehre vom Heiligen Geist) steht wieder auf der theologischen Tagesordnung. Auch über die Trinität wird verstärkt aus unterschiedlichen Blickwinkeln nachgedacht.[2]

Als Siebenten-Tags-Adventisten blicken wir auf eine eigene Geschichte und Entwicklung in bezug auf das Verständnis des Heiligen Geistes zurück. 1872 wurde der Inhalt unserer Glaubensüberzeugungen erstmals in Form von Glaubenspunkten (Fundamental Beliefs) schriftlich herausgegeben. Die Trinität blieb dabei unberücksichtigt. Die inneradventistische Diskussion über die Personalität des Heiligen Geistes bildete dafür wohl eine der Ursachen.

Als 1931 der Text der Glaubenspunkte neu formuliert wurde, nahm man erstmals einen Artikel über die Dreieinigkeit auf. Während der Vollversammlung der General-Konferenz 1980 in Dallas (USA) wurde der Inhalt der Glaubenspunkte wiederum bearbeitet und durch mehrere Artikel erweitert. Der Kommission, die die Neufassung vorzubereiten hatte, lagen drei unterschiedliche Entwürfe über die Trinität vor. Die verabschiedete Fassung entsprach im Wortlaut keinem der drei Entwürfe. Daran wird deutlich, wie intensiv um eine sachgemäße Formulierung gerungen wurde, und wie schwierig es ist, das Wesen der Dreieinigkeit mit menschlichen Begriffen wiederzugeben.

Von Anfang an gab es (1872) einen Artikel über „Geistliche Gaben und Dienste". In der jungen Adventbewegung waren unterschiedliche Charismen aufgebrochen, vor allem die Gabe der Prophetie in der Person von Ellen G. White. Dafür war eine biblisch

---

[1] Siehe Literaturverzeichnis im Anhang.
[2] J. Moltmann, W. Pannenberg, K. Rahner, H. Mühlen, Y. Congar, L. Boff. Einen zusammenfassenden Überblick gibt Bernd Jochen Hilberath in: *Der dreieinige Gott und die Gemeinschaft der Menschen*, Matthias-Grünewald-Verlag, Mainz, 1990.

EINFÜHRUNG

begründete Position notwendig. Dem Heiligen Geist selbst wird aber erst 1980, also über hundert Jahre später, in Artikel 5 der Fundamental Beliefs ein gebührender Platz eingeräumt. Unser gegenwärtiges Verständnis des Heiligen Geistes findet darin seinen Ausdruck.[1] Die Formulierungen enthalten keine Aussagen über die Natur des Heiligen Geistes oder sein Wesen. Zu Recht wird sein Wirken hervorgehoben und von den Wirkungen gesprochen, die von ihm ausgehen. Die Personalität des Heiligen Geistes wird in Artikel 2 behandelt, der die Dreieinigkeit zum Inhalt hat.[2]

Die Auseinandersetzungen, die durch die charismatische Bewegung im gesamtkirchlichen Rahmen ausgelöst wurden, sind nicht spurlos an uns als Gemeinschaft und an mancher Ortsgemeinde vorübergegangen. Die Generalkonferenz sah sich 1972 veranlaßt, ein ad-hoc-Komitee mit der Aufgabe ins Leben zu rufen, die charismatische Bewegung mit ihren Begleiterscheinungen zu untersuchen und anhand des Wortes Gottes zu prüfen. Dabei spielte das Phänomen der Glossolalie (Sprachengabe, Zungenrede) eine wesentliche Rolle.

---

[1] Die *Glaubensüberzeugungen der Siebenten-Tags-Adventisten*: Artikel 5. „Der Heilige Geist: Gott der ewige Geist wirkte zusammen mit dem Vater und dem Sohn bei der Schöpfung, bei der Menschwerdung und bei der Erlösung. Er inspirierte die Schreiber der Heiligen Schrift. Er erfüllte Christi Leben mit Kraft. Er zieht die Menschen zu Gott und überführt sie ihrer Sünde. Die sich ihm öffnen, erneuert er und verwandelt sie in das Ebenbild Gottes. Gesandt vom Vater und vom Sohn, damit er allezeit bei Gottes Kindern sei, gibt der Heilige Geist der Gemeinde geistliche Gaben, befähigt zum Zeugnis für Christus und leitet – in Übereinstimmung mit der Heiligen Schrift – in alle Wahrheit." (*Gemeindeordnung*, Advent-Verlag, Hamburg, 1998, S. 31)

[2] Die *Glaubensüberzeugungen der Siebenten-Tags-Adventisten*: Artikel 2. „Die Dreieinigkeit: Es ist ein Gott: Vater, Sohn und Heiliger Geist – drei in Einheit verbunden, von Ewigkeit her. (There is one God: Father, Son, and Holy Spirit, a unity of three co-eternal Persons.) Gott ist unsterblich, allmächtig und allwissend; er steht über allem und ist allgegenwärtig. Er ist unendlich und jenseits aller menschlichen Vorstellungskraft. Dennoch kann er erkannt werden, weil er sich selbst offenbart hat. In alle Ewigkeit gebührt ihm Ehre, Anbetung und der Dienst der ganzen Schöpfung." (*Gemeindeordnung* Advent-Verlag, Hamburg, 1998, S. 30)

AUF DEN SPUREN DES HEILIGEN GEISTES

Seit dieser Zeit sind viele Artikel, Broschüren und Bücher erschienen, die sich mit den Charismen und vor allem mit der Glossolalie auseinandersetzen.[1] Heute ist die Diskussion in unseren Reihen darüber, ob die Sprachengabe zu Pfingsten mit der Glossolalie in Korinth identisch war oder nicht, zwar abgeebbt, aber noch nicht abgeschlossen. Viele dieser adventistischen Veröffentlichungen zum Thema liegen auf der Linie, sich mehr mit den geistlichen Gaben auseinanderzusetzen, dem Geber der Gaben aber weniger Aufmerksamkeit zu schenken. Das kann dahin führen, daß wir über die Gaben des Geistes besser informiert sind als über den Geber, und uns schließlich mehr auf die Gaben als auf den Geber verlassen. Dann würde der Heilige Geist auch bei uns den Platz eines „Stiefkindes" einnehmen.

Um dem zu begegnen, konzentrieren wir uns auf das biblische Zeugnis über den Heiligen Geist. Wir werden den Spuren nachgehen, die im Alten Testament über sein Wirken zu finden sind. Dabei liegt der Schwerpunkt auf den Geistäußerungen, die nicht im Alten Testament versanden, sondern ins Neue Testament einmünden und dort zu einem breiten Strom werden. Was das Alte Testament über den Geist Gottes und sein Wirken aussagt, trägt aus der Sicht des Neuen Testaments prophetischen Charakter. Alles erfüllt sich in der Person Jesu Christi. Er ist der Geistträger schlechthin, Gottes Geist-vollster Zeuge. Wie Strahlen in einem Brennpunkt gebündelt werden, so ruht die Fülle des Geistes auf ihm.

Die Konzentration des Geistes auf Jesus ist aber nicht Selbstzweck. Alles dient vielmehr dazu, daß sich die Schöpfer- und Lebenskraft des Geistes Gottes in einer neuen Weise allen Menschen zuwenden kann. Wir werden über die Voraussetzungen nachdenken, die erfüllt werden mußten, damit der Geist zu Pfingsten in Fülle ausgegossen werden konnte, und in welcher Weise der Heilige Geist als der „andere Paraklet" das Werk Jesu in der Welt, in der Gemeinde und im einzelnen Menschen fortführt.

---

[1] Einen umfassenden Literaturüberblick gibt Frank M. Hasel in Gerhard F. Hasel, *Die biblische Zungenrede*, Advent-Verlag, Lüneburg, 1995, S. 211.212.

EINFÜHRUNG

Bei unseren Überlegungen gehen wir zwar auf die Bedeutung der Gaben des Geistes ein, ohne aber die Diskussion über die Glossolalie aufzunehmen. So wichtig Geistesgaben für den Aufbau der Gemeinde sind, noch wichtiger ist, den Heiligen Geist selbst und sein Wirken zu kennen und zu erleben. Deshalb müssen wir uns der Frage stellen, wie das eigene Leben vom Heiligen Geist erfüllt werden und unser geistliches Leben wachsen kann. Das Wachsen im intellektuellen Erkennen göttlicher Wahrheit muß mit dem Wachstum im Heiligen Geist in persönlicher Hingabe und Heiligung Hand in Hand gehen. Im Geist leben und mit ihm erfüllt sein ermöglicht die Nachfolge Jesu.

Schließlich suchen und untersuchen wir die Spuren des Geistwirkens im Neuen Testament, die über sich hinaus in die Zukunft weisen. Als eschatologische Gabe vermittelt der Geist Hoffnung und Zukunft. Sein Handeln umfaßt nicht nur die Gegenwart sondern auch die Zukunft und steht damit in enger Verbindung zur Adventhoffnung. Das Ziel des Heiligen Geistes besteht darin, die Gemeinde durch die Zeiten zu führen, in ihr – und damit in jedem Gläubigen – die Hoffnung auf die Wiederkunft Jesu lebendig zu erhalten und auf sein Kommen vorzubereiten.

Kapitel 1

Die Gemeinschaft des Heiligen Geistes mit dem Vater und dem Sohn

Das apostolische Glaubensbekenntnis formuliert: „Ich glaube an Gott, den Vater ... und an Jesus Christus, seinen eingeborenen Sohn, unsern Herrn ... Ich glaube an den Heiligen Geist." Vater, Sohn und Heiliger Geist bilden die Mitte unseres Glaubens. Deshalb dürfen Theologie, Christologie und Pneumatologie nicht unabhängig voneinander entfaltet werden. Sie stehen in einer vielfältigen, sich gegenseitig durchdringenden Beziehung.[1]

Ausgangspunkt der Lehre vom Heiligen Geist ist deshalb nicht der Heilige Geist selbst, sondern die Gemeinschaft des Heiligen Geistes mit dem Vater und dem Sohn. Man kann und darf nicht von einer der drei göttlichen Personen sprechen, ohne auch die anderen mitzudenken und einzubeziehen. Gott ist im christlichen Verständnis von Ewigkeit her die Gemeinschaft der drei göttlichen Personen. Gott-Vater ist nie ohne Gott-Sohn und Gott-Heiligen Geist. Genauso ist der Heilige Geist immer in der Gemeinschaft mit dem Sohn und dem Vater. Darin besteht das Spezifische, das Einzigartige des christlichen Gottesbildes. Wir glauben an die Gemeinschaft der göttlichen Drei: Vater, Sohn und Heiliger Geist.[2]

---

[1] In diesem Kapitel folge ich im wesentlichen den Ausführungen von Leonardo Boff, *Kleine Trinitätslehre*, Patmos Verlag, Düsseldorf, 1991.

[2] Mit der Wendung „die göttlichen Drei" lehne ich mich an eine Formulierung von E. G. White an. Im Blick auf die Trinität spricht sie an einer Stelle von ei-

AUF DEN SPUREN DES HEILIGEN GEISTES

Wo immer wir also dem Wirken des Heiligen Geistes begegnen, wirken Vater, Sohn und Heiliger Geist zusammen. Jede Offenbarung Gottes in der Geschichte bedeutet immer die Manifestation der göttlichen Drei, auch wenn nur einer von ihnen genannt wird. Jede Gotteserfahrung bedeutet Begegnung mit dem dreieinigen Gott. Immer handeln sie gemeinsam, wenn auch jeder seine unverwechselbare Aufgabe im Heilsplan hat. Diese Aussage gilt für das Alte und Neue Testament, selbst dann, wenn im Alten Testament so gut wie keine Hinweise über die Gemeinschaft der göttlichen Drei zu finden sind. Niemals geht es um ein isoliertes, unabhängiges Wirken einer Person. Beständig wirken sie in Gemeinschaft miteinander.

Erst im Neuen Testament finden wir trinitarische Hinweise. Gottes Sohn selbst offenbart die Dreieinigkeit. Er entwickelt darüber keine Lehre, offenbart vielmehr Gott als Vater, sich selbst als Sohn und den Heiligen Geist. Nach den Worten Jesu ist Gott nicht Einer, der drei verschiedene Gestalten oder Seinsweisen annimmt: einmal Vater, dann Sohn und schließlich Heiliger Geist (Modalismus).

Gott ist nicht *ein* einziges mit Bewußtsein ausgestattetes *Ich*, sondern Vater, Sohn und Heiliger Geist sind *drei* göttliche Ich. Das hat Christus in seinen Abschiedsreden und als Auferstandener im Taufauftrag eindeutig zum Ausdruck gebracht: „... und taufet sie in den Namen des Vaters und des Sohnes und des Heiligen Geistes." (Mt 28,19)

Bereits bei der Taufe Jesu begegnet uns die Selbstunterscheidung der göttlichen Drei. Eine Stimme vom Himmel spricht: „Du bist mein lieber Sohn." (Mk 1,11) Das ist kein Selbstgespräch Gottes, vielmehr spricht der Vater diese Worte zum Sohn. Zur gleichen Zeit kommt der Geist Gottes auf ihn herab. Jesus ist immer der einzigeeine Sohn (Luther: eingeborener Sohn) des Vaters. Der Sohn wie-

---

nem „himmlischen Trio". „There are three living persons of the *heavenly trio* ... the Father, the Son, and the Holy Spirit ..." (Evangelism, Review and Herald Publishing Association, Washington, 1946, S. 615) In diesem Kapitel benutze ich häufiger die Wendung „die göttlichen Drei". Darunter ist immer Gott-Vater, Gott-Sohn und Gott-Heiliger Geist zu verstehen.

derum bezeichnet Gott immer exklusiv als „mein Vater". „Alle Dinge sind mir übergeben von meinem Vater; und niemand kennt den Sohn als nur der Vater; und niemand kennt den Vater denn nur der Sohn ..." (Mt 11,27) Gott trägt den Vaternamen deshalb, weil er einen Sohn hat. Der Sohn ist deshalb Sohn, weil Gott sein Vater ist. Zugleich offenbart Jesus, daß der Heilige Geist ebenfalls ein mit Bewußtsein ausgestattetes göttliches Ich ist. Im Johannesevangelium nennt er den Heiligen Geist den „anderen Tröster" (Jo 14,16), den Parakleten, der dann kommt, wenn der Sohn zum Vater gegangen ist (Jo 16,8). Wie Jesus als Paraklet eine Person war, so muß der „andere" ebenfalls personhaftes Wesen sein. Er wird die Aufgaben übernehmen, die bisher der Sohn erfüllt hat. Der Heilige Geist ist zwar ein anderer Tröster, aber in seinem Wesen nicht verschieden vom Sohn.

Die trinitarischen Strukturen sind im Neuen Testament deutlich erkennbar: Vater, Sohn, Heiliger Geist. Drei Personen, die voneinander unterschieden und doch völlig eins sind.

In Gott-Vater und Gott-Sohn Personen zu sehen, bereitet uns keine Schwierigkeiten. Beide Bezeichnungen weisen auf personale Wesen hin. Anders ist es beim Heiligen Geist. Sich ihn als Person vorzustellen, ist schwieriger. Deshalb betrachtet mancher den Heiligen Geist als unpersönliche Kraft. Ursache des Problems ist der Personenbegriff an sich. Unsere Personenvorstellung ist an die menschliche Erfahrung gebunden. Die Schwierigkeit entsteht, wenn wir diese Vorstellung auf den Heiligen Geist übertragen. Niemals kann unser Personenbegriff das ewig-personale Sein des Heiligen Geistes wiedergeben. Das dem personalen Denken Analoge in Gott ist – in einer ihm eigenen, einzigartigen Form – das souveräne ICH, das sich einem DU zuwendet. Der Heilige Geist ist nicht einfach eine Kraft, die wirkt, sondern Begegnung zwischen einem ICH und einem DU. Im Glauben an den Heiligen Geist geht es wie im Glauben an Gott und seinen Sohn um ein personales Geschehen, um eine Begegnung von Person zu Person.

Damit stehen wir vor einem weiteren Geheimnis der Trinität. Als Vater, Sohn und Heiliger Geist sind sie die Drei voneinander

AUF DEN SPUREN DES HEILIGEN GEISTES

Unterschiedenen. In ihrer Gottheit sind sie die drei Gleichen. Die Einheit der Dreieinigkeit liegt nicht in einer numerischen Einheit, sondern in ihrer einzigartigen, wechselseitigen Gemeinschaft. Jesus hat das deutlich ausgesprochen. Er sagt in Johannes 10,30: „Ich und der Vater sind eins" (*hen*). Er sagt nicht: Ich und der Vater sind einer (*heis*).[1]

Wenn wir von der Trinität sprechen, müssen wir immer an die Gemeinschaft und Beziehung der drei göttlichen Personen denken. Nur Personen können in Beziehungen, in Gemeinschaft miteinander leben. Der Vater ist immer im Sohn. Der Sohn ist immer im Vater. Vater und Sohn sind immer im Heiligen Geist und der Heilige Geist ist immer im Vater und im Sohn. Sie leben nicht unabhängig voneinander, sondern miteinander und ineinander. Jeder wohnt im anderen. Die Theologie hat dafür den Begriff der *Perichorese* geprägt, d. h. die drei göttlichen Personen durchdringen sich gegenseitig, stehen ewig in Beziehung zueinander und bewahren dennoch ihre jeweilige Eigenständigkeit.

Darin besteht die Einzigartigkeit des biblischen Gottesbildes. Wir glauben nicht an einen Gott, der für sich allein im Himmel lebt und autoritär das Weltall regiert. Der zwar von Engeln umgeben ist, die ihn anbeten und ihm dienen, die aber doch nur das Werk seiner Hände sind, ihm unterstellt. Gemeinschaft im Vollsinn des Wortes kann er mit ihnen kaum pflegen, da sie nicht seinesgleichen sind. Solch ein Gott wäre letztlich ein einsamer Gott, immer auf sich selbst zurückgeworfen.

Wir glauben an einen Gott, der in Gemeinschaft existiert, in der Gemeinschaft der göttlichen Drei, des Vaters, des Sohnes und des Heiligen Geistes. „Gäbe es nur einen Einzigen, das heißt: einen einsamen Gott, dann existierte am Ende die Einsamkeit ... Alles endete wie die Spitze einer Pyramide in einem einzigen Punkt der Vereinsamung."[2]

---

[1] Moltmann, Jürgen, *Trinität und Reich Gottes*, Chr. Kaiser Verlag, Gütersloh, 1994, S. 111.
[2] Boff, Leonardo, a. a. O., S. 23.

VATER, SOHN UND HEILIGER GEIST

Wir müssen in unserer Gottesvorstellung weg von der Einsamkeit des Einen hin zur Gemeinschaft von Vater, Sohn und Heiligem Geist. Der Kernsatz der Bibel – „Gott ist Liebe" – wird nur verständlich, wenn Gott die Gemeinschaft der göttlichen Drei ist. „Weil Gott nicht nur liebt, sondern selbst Liebe ist, darum muß er als dreieiniger Gott verstanden werden."[1]

Vater, Sohn und Heiliger Geist lieben und durchdringen einander so sehr, daß sie stets eins sind. Eine Person für sich allein kann in seinem Wesen nicht Liebe sein. Liebe kann nicht von einem einsamen Subjekt praktiziert werden. Ein Individuum für sich allein kann sich nicht mitteilen.

Die Aussage: „Gott ist Liebe" führt hin zur Trinität. Gott ist immer die Gemeinschaft der drei göttlichen Personen, die sich einander in Liebe so hingeben, daß sie in einer einzigen Liebesgemeinschaft stehen. Sie durchdringen sich in Liebe so umfassend, daß sie einen einzigen Gott bilden. Im Grunde existieren nicht drei Personen unabhängig voneinander, was wirklich existiert ist eine göttliche Liebesgemeinschaft. „Die Dreieinigkeit siehst Du, wenn Du die Liebe siehst: Denn drei sind der Liebende, der Geliebte und die Liebe" (Augustin).

Aus diesen Überlegungen ergibt sich für unser Menschsein ein zwingender Schluß. Wenn Gott drei göttliche Personen in ewiger Gemeinschaft untereinander bedeutet, dann sind wir Menschen auch zur Gemeinschaft berufen; denn wir sind nach dem Bild Gottes geschaffen. Wir sind Gemeinschaftswesen, die ihr Menschsein nur in Gemeinschaft, in personalen Beziehungen voll entfalten und erleben können. Einsamkeit ist die Hölle. Unser Menschsein erfüllt sich in Hingabe, Liebe, Gemeinschaft. Dank der göttlichen Dreieinigkeit sind wir von Liebe und Leben umgeben. Ein einsamer Gott strahlt weder Freude noch Schönheit aus. Dagegen lösen Vater, Sohn und Heiliger Geist, die in ewiger Gemeinschaft miteinander leben und sich ewig aneinander verschenken, Freude, Begeisterung und Hingabe aus.

---

[1] Moltmann, Jürgen, a. a. O., S. 73

Jesus Christus, Gottes Sohn selbst, ist der Offenbarer der göttlichen Dreieinigkeit. Die ersten Christen haben die Aussagen Jesu in ihr Gottesbild integriert. In den neutestamentlichen Schriften läßt sich an vielen Stellen ein trinitarisches Bewußtsein erkennen. Neben der Taufformel ist der Satz des Paulus in 2. Korinther 13,13 die wichtigste Aussage: „Die Gnade unsers Herrn Jesus Christus und die Liebe Gottes und die Gemeinschaft des heiligen Geistes sei mit euch allen!"

Einen weiteren trinitarischen Hinweis enthält 2. Thessalonicher 2,13.14: „daß *Gott* euch als erste zur Seligkeit erwählt hat, in der Heiligung durch den *Geist* ... damit ihr die Herrlichkeit unseres *Herrn Jesus Christus* erlangt." Hier interpretiert Paulus das Heilsgeschehen trinitarisch. Im Erlösungshandeln Gottes wirken Vater, Sohn und Heiliger Geist zusammen. Jeder hat seine unverwechselbare Aufgabe, und doch handeln sie immer gemeinsam. (Weitere Texte sind: 1 Ko 12,2-6; Gal 3,11-14; 2 Ko 1,21.22; Rö 14,17.18; 15,16; 15,40; Eph 1,20-22; 3,14-16 Phil 3,3).

Die ersten Christen glauben an Gott-Vater, Gott-Sohn und Gott-Heiligen Geist, ohne daß sie eine systematische Lehre über die Dreieinigkeit entwickelt haben. Sie haben das Wirken der drei göttlichen Personen an sich erfahren. Die Antwort des Menschen auf die ihm zugewandte Gemeinschaft der Dreieinigkeit besteht in Lob, Dank und Anbetung. „Ehre sei dem Vater und dem Sohn und dem Heiligen Geist." Genau das spiegelt sich in den neutestamentlichen Schriften wider.

Das systematische Nachdenken hat nie das erste Wort. Zuerst steht in der Schrift die Offenbarung, dann kommt die Erfahrung, danach erst die Reflexion und Lehre. Alle Bemühungen des menschlichen Verstandes, Formulierungen und Begriffe für das Wesen der Dreieinigkeit zu finden, erfassen nicht die Dreieinigkeit selbst. Sie sind immer nur Versuche, den Glauben zu erklären.

Unsere Vernunft stößt beim Nachdenken über die göttlichen Drei und ihr Einssein an die Grenze ihrer Möglichkeiten. „Augustinus vergleicht den, der über das Geheimnis der Dreieinigkeit nachdenkt, mit einem Knaben, der anfängt, mit einer Muschel das Meer

VATER, SOHN UND HEILIGER GEIST

auszuschöpfen. Dennoch muß die ‚Muschel' in Tätigkeit gebracht werden und der Verstand diesem Meer der Wahrheit nachdenken."[1]

So ist und bleibt die Dreieinigkeit ein Geheimnis, das stets aufs neue geglaubt, erkannt und erfahren sein will.

---

[1] Kraus, Hans-Joachim, *Heiliger Geist – Gottes befreiende Gegenwart*, Kösel-Verlag, München, 1986, S. 91.

Kapitel 2

Das Wirken und die Verheißungen des Geistes Gottes im Alten Testament

Hermeneutische[1] Vorbemerkungen

Wir setzen deshalb beim Alten Testament ein, weil die alttestamentlichen Texte das Vorwort zum Neuen Testament sind. Das personifizierte Wort selbst begegnet uns erst im Neuen Testament. Das Alte Testament enthält die Vorgeschichte des Geschehens, von dem die Evangelien und die Apostel künden. Im Alten Testament entdecken wir die Grundzüge des Kommenden. Folgende Vorbemerkungen sind für uns beim Nachdenken über den Geist Gottes im Alten Testament wichtig.

Wir müssen die Eigenaussagen des Alten Testaments über den Geist Gottes deutlich zu erfassen versuchen, das heißt: Welche Botschaft wollte der inspirierte Verfasser seinen Zeitgenossen vermitteln? Der hebräische Begriff für Geist *ruach* kommt 387mal im Alten Testament vor. Er hat eine große Bedeutungsbreite: Wind, Hauch, Atem, Luft, Lebenskraft, Lebensprinzip. Kein deutsches Wort ist für sich allein imstande, die Bedeutungsfülle von *ruach* wiederzugeben.

Drei Bedeutungsgpruppen ergeben sich aus seiner inhaltlichen Vielfalt: 1. Wind, Windstoß, Sturm als meteorologisches Phänomen

---

[1] Die Hermeneutik umfaßt die Lehre und die Methoden der Bibelauslegung.

und als wirkende Kraft. 2. Atem, Hauch, als das Lebensprinzip im Menschen. 3. Die Lebenskraft Gottes, durch die er wirkt und handelt.

Auf Gott wird *ruach* 136mal bezogen.[1] Der hebräische Begriff vermittelt den Gedanken von Kraft, Bewegung, freigesetzter Energie, angewandter Macht. Uns wird nur die dritte Wortgruppe beschäftigen, nämlich der Geist als Lebens- und Wirkkraft Gottes, wiedergegeben mit *ruach Jahwe, ruach Elohim* oder *mein Geist.* Nur dreimal kommt im Alten Testament die Formulierung *heiliger Geist* vor (Jes 63,10.11; Ps 51,13).

Wie der wortstatistische Befund deutlich macht, enthält das Alte Testament viele Hinweise auf ein breit gefächertes Wirken des Geistes Gottes. Die Schreiber bringen dabei aber nirgends zum Ausdruck, daß sie Gottes Geist als eine Person der Gottheit verstehen und die Gottheit drei Personen umfaßt. Vielmehr werden unterschiedliche Wirkungen beschrieben, die von Gott ausgehen.

In den alttestamentlichen Texten bereits geoffenbarte Trinität finden zu wollen[2], wäre keine sachgemäße Exegese, sondern Eisegese.[3] Die Offenbarung der Dreieinigkeit geschieht zu einer bestimmten Stunde, in einem von Gott festgesetzten Kairos, d. h. zu einem Zeitpunkt, den Gott selbst festgelegt hat.

Erst Jesus Christus offenbart Gott-Vater, Gott-Sohn und Gott-Heiligen Geist als die Gemeinschaft der göttlichen Drei. In dem, was das Alte Testament über den Geist Gottes sagt, zeigen sich aber Ansatzpunkte und Grundzüge der Geistoffenbarung im Neuen Testament.[4]

---

[1] Wolff, Hans Walter, *Anthropologie des Alten Testaments*, Chr. Kaiser Verlag, München 1973, S. 57.

[2] Eine Ausnahme könnte die Aussage in 1. Mose 1,26 bilden, in der verhüllt die Dreieinigkeit angedeutet wird: „Und Gott sprach: Lasset *uns* Menschen machen, ein Bild, das *uns* gleich sei ..."

[3] Eisegese bedeutet, bei der Auslegung eigene Gedanken in den biblischen Text hineinzulegen, die aber in der Textaussage nicht vorhanden sind. Der Gegensatz dazu ist die Exegese, die versucht, streng bei den Eigenaussagen des Textes zu bleiben – unter Berücksichtigung des Kontextes.

[4] Kraus, Hans-Joachim, a. a. O., S. 23.

GOTTES GEIST IM ALTEN TESTAMENT

Natürlich dürfen wir nicht bei den Eigenaussagen des Alten Testaments über den Geist Gottes stehen bleiben. Die Apostel haben das Alte Testament im Licht dessen gelesen, was in und durch Christus offenbart worden ist. Das wird an der Art und Weise erkennbar, wie das Alte Testament im Neuen Testament verwendet wird.

Die inspirierten Schreiber des Neuen Testaments haben bestimmte alttestamentliche Aussagen von der Christusoffenbarung her verstanden. Das bezieht sich auch auf den Geist Gottes. Deshalb ist davon auszugehen, daß die ersten Christen in den Stellen, wo im Alten Testament vom Wirken des Geistes Gottes die Rede ist, den als Person wirkenden Heiligen Geist erkannten. (Vgl. Mk 12,36; Apg 1,16; 4,25; Lk 4,18-21; 1,35.41.67.)

Die historische Auslegung, die den Text auf das beschränkt, was der Verfasser als Mensch seinen Lesern mitteilen wollte, wird den biblischen Aussagen nicht gerecht. Wir bekennen uns zur kanonischen Auslegung des Alten Testaments und fragen, was war die Absicht des Heiligen Geistes, als er die alttestamentlichen Verfasser inspirierte, das Wirken des Geistes Gottes zu beschreiben? Wie sind diese Aussagen im Lichte des Neuen Testaments zu verstehen?

Aufgrund des ewigen Wesens der Dreieinigkeit müssen wir davon ausgehen, daß die dritte Person der Gottheit bereits in alttestamentlicher Zeit wirkte und sich die Aussagen über den Geist Gottes auf das Wirken der Person des Heiligen Geistes beziehen, selbst wenn das nicht ausdrücklich gesagt wird. Unabhängig von der Stufe der fortschreitenden Offenbarung vom Alten zum Neuen Testament haben Vater, Sohn und Heiliger Geist immer und zu jeder Zeit gemeinsam gehandelt. Deshalb muß zwischen dem ewigen Sein der göttlichen Drei, ihrem immerwährenden, gemeinsamen Handeln und dem Stadium der uns Menschen zugewandten Offenbarung unterschieden werden.

Aus der Fülle der alttestamentlichen Aussagen über die *ruach Elohim*, bzw. *ruach Jahwe* greifen wir einige exemplarische Beispiele heraus. Sie veranschaulichen, welche Wirkungen im Alten Testament vom Geist Gottes ausgehen.

AUF DEN SPUREN DES HEILIGEN GEISTES

Der Geist Gottes als schöpferische und ordnende Macht

Schon auf dem ersten Blatt der Bibel wird in den einleitenden Sätzen der Geist Gottes genannt: „Und die Erde war wüst und leer, und der Geist Gottes schwebte über den Wassern." (1 Mo 1,2) Über dem Urchaos, dem gestaltlosen Tohuwabohu, waltet der Geist Gottes. In der hebräischen Sprache wird mit dem Verb „schweben" die vibrierende Bewegung eines Vogels zum Ausdruck gebracht, der über seinem Nest schwebt und ständig in Bewegung ist (5 Mo 32,11). *Ruach Elohim* kann hier auch mit Hauch, Atem Gottes wiedergegeben werden, und zwar der Atem Gottes, der in Verbindung zu seinem Sprechen steht.

Der Geist Gottes ist der schöpferische Hauch, der beim Sprechen Gottes wirkt: „Und Gott sprach ... und es geschah." Die *ruach* Gottes und das Wort Gottes sind im Schöpfungsbericht eng miteinander verbunden. Psalm 33,6 formuliert diese Beziehung so: „Der Himmel ist durch das Wort des Herrn gemacht und all sein Heer durch den Hauch seines Mundes." Geist und Wort gehören zusammen. Gottes Geist ist kein wortloses Fluidum. Er artikuliert sich. „Der Geist Gottes ist die innere Dynamik, die schöpferische Macht des Wortes."[1]

Alles, was Gott geschaffen hat, lebt von der *ruach* Gottes, von seinem schöpferischen Hauch oder Lebensatem. Der Schöpfungsbericht erzählt, daß Gott den Menschen aus Erde gestaltete und ihm seinen Lebensatem[2] einhauchte (1 Mo 2,7). Der Mensch verdankt sein Dasein als lebendiges Wesen der Einhauchung des Atems, der von Gott ausgeht. Dieser verliehene Lebensatem ist für den Menschen der Ursprung seiner gesamten Existenz: des belebten Leibes, der seelischen Welt der Gefühle und der geistigen Kräfte der Vernunft, also des gesamten menschlichen Seins. Wenn Gott aber seinen Lebenshauch dem Menschen entzieht, zerfällt er wieder

---

[1] Kraus, Hans-Joachim, a. a. O., S. 17.
[2] Im hebräischen Text wird *neschamah* gebraucht. Dieses Wort wird an verschiedenen Stellen auch als Parallelbegriff für *ruach* verwendet (z. B. Hi 27,3).

zu Staub. Der Psalmist formuliert (Ps 104,29): „Nimmst du ihren Lebensatem (*ruach*) weg, so vergehen sie und werden wieder Staub."

Auf dem ersten Blatt der Bibel offenbart sich Gottes Geist als schöpferischer Hauch, als eine Kraft, die aus dem Urchaos einen Kosmos, eine vollkommene Welt ins Dasein ruft. Zugleich ist der Geist Gottes die ordnende Macht, die das Tohuwabohu bändigt. Aus der Formlosigkeit werden Strukturen, Schönheit, Harmonie und Leben, also eine sehr gute Schöpfung. Durch das Sprechen Gottes, in dem sein lebenschaffender Atem wirkt, gestaltet er die leblose Materie zu immer höheren Formen bis hin zum Menschen. Die wunderbare Welt der Schöpfung ist durch Gottes Geist geordnet und wird von ihm erhalten.

In der Zeit des Alten Testaments sahen die Leser in der *ruach Elohim* nicht die dritte Person der Gottheit, sondern die schöpferische, ordnende und lebenspendende Dynamik des Wirkens Gottes. Im Licht des Neuen Testaments vermittelt uns aber dieser Satz: „Und der Geist Gottes schwebte über den Wassern" die Gewißheit, daß Vater, Sohn und Heiliger Geist gemeinsam die Welt erschaffen haben. Deshalb wird der Geist Gottes mit Recht in der Theologie *creator spiritus* (Schöpfergeist) genannt. Somit weist der Satz: „Und der Geist Gottes schwebte über dem Urchaos" über sich hinaus in die Zukunft. Es ist der Geist, der das durch die Sünde ins Chaos versunkene Leben neu gestalten, ordnen und im Menschen ein neues Herz schaffen wird (Hes 36,26.27); der Geist, der in Christus eine neue Schöpfung hervorbringen (2 Ko 5,17) und schließlich einen neuen Himmel und eine neue Erde ins Dasein rufen wird: „Siehe, ich mache alles neu." (Offb 21,5)

Der Geist Gottes als einigende und befreiende Macht

In der Frühgeschichte Israels finden sich weitere Zeugnisse über das Wirken des Geistes Gottes. Die Zeit der Richter, etwa einhundertfünfzig Jahre zwischen der Landeinnahme Kanaans und der Errich-

AUF DEN SPUREN DES HEILIGEN GEISTES

tung des Königtums, ist gekennzeichnet durch Zerrissenheit und Uneinigkeit in Israel. Die innere Einheit der zwölf Stämme zerbricht durch immer wiederkehrenden Abfall von Gott. Sie wenden sich fremden Göttern zu, verlieren dadurch den inneren Zusammenhalt und die Fähigkeit, sich der äußeren Feinde zu erwehren. Überlegene Mächte sammeln sich zum Angriff und bringen Israel in hoffnungs- und auswegslose Situationen. In diesen Notlagen beginnt das Volk zu Gott zu schreien. Gott greift ein, indem der Geist des Herrn bestimmte Menschen ergreift. Er befähigt sie, das Volk zu einigen, Loyalität und gemeinsame Handlungsfähigkeit wiederherzustellen.[1] Israel verteidigt und befreit sich, schüttelt das Joch der Unterdrückung ab, beseitigt drohende Gefahren und entkommt der Not. In allen Fällen wird Gottes Geist als Kraft erfahren, die eine Wende herbeiführt. Einige Beispiele, die das verdeutlichen:

- Otniel: „Und der Geist des Herrn kam auf ihn ..." (Ri 3,7-11)
- Gideon: „Da erfüllte der Geist des Herrn den Gideon ..." (Ri 6,33-35)
- Jeftah: „Da kam der Geist des Herrn auf Jeftah ..." (Ri 11,14.27-29)
- Saul: „Da geriet der Geist Gottes über ihn ..." (1 Sam 11,6)

In allen Situationen bewirkt der Geist Gottes, daß das Volk aus Unsicherheit und Angst, aus Gelähmtsein und bloßer Klage heraustritt. Durch den jeweils vom Geist ergriffenen Menschen wird die innere Einigkeit im Volk auf unterschiedliche Weise wiederhergestellt. Es beginnt, gemeinsam zu handeln. Das Eingreifen des Geistes Gottes führt immer zu einer Wende. Die Phase der Unterdrückung, der Schwäche und Angst geht zu Ende. Ein neuer Anfang, neue Verhältnisse, neue Wirklichkeiten werden eingeleitet.

Zusammenfassend kann gesagt werden, daß die Wirkungen des Geistes Gottes in der Richterzeit darin bestehen, das Volk zu einigen und zu befreien. Beide Wirkungen prägen den Geistbegriff in der Frühgeschichte Israels. In den einigenden und befreienden Ta-

---

[1] Welker, Michael, *Gottes Geist – Theologie des Heiligen Geistes,* Neukirchener Verlag, Neukirchen-Vluyn, 1992, S. 60.63.

ten der vom Geist ergriffenen Menschen ist Gott gegenwärtig und am Werk. Diese frühen Erfahrungen des Geistes Gottes sind zwar undeutliche Bezeugungen in unübersichtlichen Situationen, sie enthalten aber Grundzüge des Kommenden, weisen also über sich hinaus in die Zukunft. Sie gleichen einem fernen Wetterleuchten und lassen erkennen, daß durch das Wirken des Geistes Gottes Zerrissenheit geheilt, Gebundene befreit, Gemeinschaft wiederhergestellt, ein neuer Anfang gemacht werden kann.

Wie ein Silberstreifen am Horizont leuchtet in den Geisterfahrungen der Frühgeschichte Israels das auf, was sich bei der Geistausgießung zu Pfingsten in Fülle ereignete (Apg 2,46) und in der Gemeinde Jesu durch das Innewohnen des Heiligen Geistes Wirklichkeit ist (Eph 4,3).

Der Geist als Kraft, der Menschen auf Zeit ermächtigt und entmächtigt

Neben dem befreienden und einigenden Wirken des Geistes Gottes, die das Volk betrafen, werden einzelne charismatische Personen der Richterzeit durch den Geist zu außergewöhnlichen Taten befähigt. Sie wachsen über sich hinaus, wenn der Geist auf sie kommt. Der Geist Gottes erfaßt Simson. Er zerreißt einen jungen Löwen mit bloßen Händen (Ri 14,6), zerbricht starke Fesseln der Philister, erschlägt mit einem Eselsknochen tausend Feinde (Ri 15,14ff.). Saul wird bei seiner Berufung zum Retter des Volkes vom Geist ergriffen und gerät gemeinsam mit einer Schar von Propheten in Ekstase (1 Sam 10,1ff.). Er zerstückelt Rinder, sendet sie durch Boten zu den Stämmen Israels und wird dadurch zum Zentrum einer rettenden Bewegung. Saul wird durch den Geist des Herrn ermächtigt, verändert, ein anderer Mensch (1 Sam 10,6).

Der Geist Gottes bevollmächtigt Menschen in bestimmten Situationen und macht aus ihnen „andere Menschen". Das ist keine Privatangelegenheit oder eine innere Umwandlung des betreffenden Menschen, sondern Ausrüstung zu einer öffentlichen Aufgabe. Die Öffentlichkeit nimmt es wahr und reagiert darauf.

Gottes Geist bevollmächtigt aber nicht nur, er entmächtigt auch. In 1. Samuel 19,18ff. heißt es, daß Saul vom Geist außer Kraft gesetzt wird, als er versucht, David in seine Gewalt zu bekommen. Saul sendet Boten zu Samuel, die David fangen sollen. Auf dem Weg geraten sie in Ekstase, als sie in die Nähe einer Prophetenschar kommen. Sie können ihren Auftrag nicht ausführen. Zweimal wiederholt sich dieser Vorgang. Auch Saul erlebt das gleiche, als er die Sache selbst in die Hand nimmt, um David zu fassen. Der Geist Gottes kommt über ihn und führt ihn in einen ekstatischen Zustand. Saul wird durch den Geist auf die gleiche Weise entmachtet wie er bei seiner Berufung durch ihn bevollmächtigt worden war. Der mächtige Saul liegt einen Tag und eine Nacht ohnmächtig vor Samuel. Gottes Geist bleibt immer Herr der Situation. Die charismatischen Personen haben keine Kontrolle über das Wirken des Geistes. Sie können nicht über ihn verfügen oder ihn manipulieren.

Bis jetzt sind uns folgende Wirkungen des Geistes Gottes im Alten Testament begegnet: Er schafft Neues aus dem Nichts. Er gestaltet das Chaos und ordnet es zu einer vollkommenen Schöpfung. Er führt heraus aus chaotischen Verhältnissen, heilt zerbrochene Beziehungen, baut Brücken, eint das Volk und befreit aus Bindung und Knechtschaft. Er greift in die Geschichte ein und handelt politisch. Der Geist Gottes ermächtigt Personen, ungewöhnliche Taten zu tun und entmächtigt sie, wenn sie sich ihm entgegenstellen. Dabei wird offenbar, daß das Wirken des Geistes nicht voraussagbar, sondern unkalkulierbar und unverfügbar ist. Die frühen Geisterfahrungen zeigen deutlich, daß der Heilige Geist eine Kraft ist, die Lebensverhältnisse verändert. In allen Geistwirkungen wird Gottes Handeln und damit seine Gegenwart erkennbar.

Der Geist, der bleibend im Menschen ist

Mit Beginn der Königszeit wird ein neues, verändertes Wirken des Geistes erkennbar. Die charismatischen Personen der Richterzeit erhielten den Geist Gottes für konkrete, zeitlich begrenzte Aufgaben. Meist kam er unerwartet über sie, ohne daß ihr Leben für immer vom Geist erfüllt und geprägt wurde. Die gängige Wendung für das Ergriffenwerden vom Geist lautet deshalb auch: „Der Geist des Herrn kam über ihn ..." (Ri 3,10; 11,29; 14,6.19; 15,14; 1 Sam 10,6.10). Diese Formulierung macht deutlich, daß der Geist Gottes situationsbedingt und punktuell in das Leben dieser Menschen eingriff und sie für besondere Aufgaben ausstattete. Von einem Bleiben des Geistes, einem Innewohnen oder einer heiligenden Erneuerung dieser Personen ist in dieser Geschichtsperiode nicht die Rede.

Zu Beginn der Königszeit werden erstmals Könige im Auftrag Gottes für ihre Aufgabe gesalbt (1 Sam 15,1). Mit der Salbung empfängt der König den Geist Gottes, und zwar nicht für eine begrenzte Zeit, sondern als bleibende, auf ihm ruhende Gabe. „Da nahm Samuel sein Ölhorn und salbte ihn [David] mitten unter seinen Brüdern. Und der Geist des Herrn geriet über David von dem Tag an *und weiterhin* ..." (1 Sam 16,13) Erwählung, Salbung, Geistempfang sind miteinander verbunden. Durch die Salbung werden Menschen zu Geistträgern. Deshalb bittet David in einer besonderen Situation seines Lebens: „Nimm deinen heiligen Geist nicht von mir." (Ps 51,13) Am Ende seines Lebens bekennt er: „Der Geist des Herrn hat durch mich geredet, und sein Wort ist auf meiner Zunge." (2 Sam 23,2)

Mit David knüpft der Geist Gottes an ein Wirken an, das bereits bei Mose und Josua zu finden ist, in der Richterzeit aber aufgrund der Verhältnisse im Volk und wegen des ständigen Abfalls nicht fortgeführt werden konnte. Von beiden Personen, Mose und Josua, wird gesagt, daß der Geist Gottes in ihnen war, nicht zeitlich begrenzt, nicht für eine bestimmte Situation, sondern für ihre Lebensaufgabe (4 Mo 27,16-18). Mose soll die Hand auf Josua legen, um ihn als seinen Nachfolger zu beauftragen. In der Handauflegung des Mose rüstet Gott Josua mit dem „Geist der Weisheit" aus, damit er das Volk führen kann (5 Mo 34,9).

Bei Mose und Josua stehen Handauflegung, Berufung zu einer Aufgabe und Ausrüstung mit dem Geist in enger Beziehung zueinander. Bei David gehen Berufung, Salbung und Geistempfang Hand in Hand. Das Wirken des Geistes in diesen Menschen weist wiederum in die Zukunft, nämlich auf Christus, den Messias, den Geistgesalbten, auf dem der Geist dauerhaft ruht (Lk 4,18). Zugleich ist in diesem Geschehen das Wirken des Heiligen Geistes in der neutestamentlichen Gemeinde zeichenhaft vorweggenommen, deren Glieder von Gott erwählt (Eph 1,4), gesalbt (1 Jo 2,20) und unter Handauflegung mit Heiligem Geist erfüllt sind (Apg 19,6; 4,31).

Der Geist als Geber von Gaben

Ein ganz anders geartetes Wirken des Geistes Gottes wird im Alten Testament bei der Errichtung des heiligen Zeltes berichtet. Mose erhält von Gott den Auftrag, nach einem vorgegebenen Plan die Stiftshütte mit ihren Geräten im Vorhof, im Heiligen und Allerheiligsten, einschließlich der Gewänder für den Hohenpriester und die Priester herzustellen. Das heilige Zelt soll Gottes Wohnplatz inmitten seines Volkes sein. Damit das Heiligtum und seine Geräte so gebaut werden, daß sie der Heiligkeit Gottes entsprechen, greift sein Geist ein. Er stattet Menschen mit entsprechenden Gaben aus, um die Stiftshütte so zu errichten, daß sie Gottes Wesen widerspiegelt.

Zu diesem Zweck vermittelt Gottes Geist ganz unterschiedliche Gaben: „Siehe, ich habe Bezalel berufen ... und habe ihn erfüllt mit dem Geist Gottes, mit Weisheit und Verstand und Erkenntnis und mit aller Geschicklichkeit ..." (2 Mo 31,2.3) In 2. Mose 35,34 wird eine weitere Gabe genannt: „Und er hat ihm auch die Gabe zu unterweisen ins Herz gegeben ..." Selbst diejenigen, die die Priesterkleider anzufertigen hatten, sind mit dem Geist der Weisheit erfüllt (2 Mo 28,2.3).

Folgende vom Geist geschenkte Gaben werden genannt: Gabe der Weisheit, des Verstandes, der Erkenntnis, der Geschicklichkeit, der Unterweisung, also des Lehrens. Nicht nur eine Person erhält Gaben, sondern „ich habe allen Künstlern die Weisheit ins Herz gegeben, daß sie alles machen können, was ich dir geboten habe" (2 Mo 31,6). Der Geist Gottes knüpft dabei an natürliche Fähigkeiten an, die Menschen als Erbmasse mitbekommen haben. „Du sollst reden mit allen, die sich darauf verstehen, die ich mit dem Geist der Weisheit erfüllt habe." (2 Mo 28,3) Von Natur aus verstehen sich diese Personen auf unterschiedliche Kunstfertigkeiten. Gottes Geist aber heiligt ihre Gaben und stellt sie in seinen Dienst. Hier kann auch ein anderes Geistgeschehen in der Zeit der Wüstenwanderung eingeordnet werden. Mose hatte durch Gottes Geist die Gabe des Führens erhalten. Er führte das Volk aus Ägypten, vierzig Jahre durch die Wüste, bis an die Grenze des verheißenen Landes. Das war keine leichte Aufgabe angesichts der widrigen Umstände und des widerspenstigen Volkes. Mehr als einmal lehnte es sich gegen Mose auf. Er wäre fast an dieser Aufgabe zerbrochen. In einer konkreten Situation ist er auch am Ende seiner Kraft. Er hält Gott vor: „Ich vermag all das Volk nicht allein zu tragen; denn es ist mir zu schwer." (4 Mo 11,14)

Gott selbst sorgt für Abhilfe. Er beauftragt Mose, siebzig Männer von den „Ältesten Israels" auszuwählen. Diese Siebzig werden mit der gleichen Gabe ausgerüstet, die Mose erhalten hat. Sie empfangen den Geist, der sie befähigt, Mose in seiner Leitungstätigkeit zu entlasten. Als äußeres Zeichen ihrer Bevollmächtigung geraten sie in Ekstase, wie später Saul bei seiner Berufung zum König. Auf ungewöhnliche Art vermittelt ihnen der Geist die Gabe der Leitungstätigkeit. Er ermächtigt sie, zusammen mit Mose das Volk zu führen (4 Mo 11,16.17.24-29).

Im Geistwirken beim Bau der Stiftshütte und bei der Einsetzung der Ältesten sind wiederum Grundzüge des Kommenden erkennbar. Das Zuteilen besonderer Gaben für bestimmte Aufgaben weist hin auf ein größeres und umfassenderes Werk des Geistes Gottes in der Zukunft, nämlich auf den Bau der Gemeinde und auf die vielfältigen Gaben, die der Geist Gottes austeilt, damit jeder mithelfen kann, Gemeinde zur Ehre Gottes zu bauen (1 Ko 12).

Das Wirken des Geistes in den Propheten

Die Propheten bilden neben Mose und Josua, den Richtern und Königen im Alten Testament die größte Personengruppe, durch die der Geist Gottes wirkt. Nur bei wenigen Propheten ist allerdings direkt die Rede davon, daß sie vom Geist ergriffen sind. Die beiden Wortpropheten Elia und Elisa bilden eine Ausnahme. Von ihnen wird ausdrücklich gesagt, daß sie in der Kraft des Geistes wirken, Wunder vollbringen, des Wortes mächtig sind. „Der Geist Elias ruht auf Elisa." (2 Kön 2,9.10.15)

Unter den Schriftpropheten kennt Hesekiel ähnliche Erfahrungen. Gottes Geist greift auf unterschiedliche Art und Weise in seinen prophetischen Dienst ein. Er vermittelt ihm die Botschaft, die er zu sagen hat: „Und der Geist des Herrn fiel auf mich, und er sprach zu mir: Sprich ..." (Hes 11,5) Der Geist gibt Hesekiel Kraft und Mut für seinen Auftrag: „Der Geist des Herrn kam in mich und stellte mich auf meine Füße." (Hes 3,24) Mehrmals erlebt er, daß der Geist ihn an einen anderen Ort versetzt (Hes 3,12.14; 8,3; 11,1.24; 43,5).

Obwohl nur von einigen Propheten gesagt wird, daß der Geist sie erfüllt, so wirken doch alle in seiner Kraft. Die Aussage Michas trifft auf jeden von Gott gesandten Propheten zu: „Ich aber bin erfüllt mit Kraft, mit dem Geist des Herrn ..." (Mi 3,8) Das Neue Testament bestätigt den Dienst der Propheten als geistgewirkt und geistdurchdrungen. „Denn es ist noch nie eine Weissagung aus menschlichem Willen hervorgebracht; sondern von dem heiligen Geist getrieben haben Menschen im Namen Gottes geredet." (2 Pt 1,21)

Wie wirkt der Geist durch die Propheten? Er ermächtigt sie, Verfehlungen aufzudecken, Sünde beim Namen zu nennen, Lüge und Verirrung, Unrecht und Schuld ans Licht zu bringen und im Namen Gottes Anklage zu erheben. Im prophetischen Wort rückt der Geist der Wahrheit dem Menschen auf den Leib; denn Gottes Geist ist ein Geist der Wahrheit. Die Botschaft des Geistes ist immer Gottes Wort für eine bestimmte Zeit und Situation. Er teilt den Menschen etwas mit, was weder durch logische Schlußfolgerungen noch Zeitanalysen gefunden werden kann. Der Geist Gottes vermittelt den Propheten Ein- und Durchblicke, die den Vordergrund der Ereignisse und Geschichte hinter sich lassen. Propheten sehen die Weltwirklichkeit mit Gottes Augen.

GOTTES GEIST IM ALTEN TESTAMENT

Geistgewirkte prophetische Botschaften gleichen einem Röntgenbild. Auf einer Photographie sieht man das äußere Erscheinungsbild eines Menschen. Anhand des Photos kann man zu dem Ergebnis kommen, daß ein gesunder, lebensfroher Mensch abgebildet ist. Das Röntgenbild kann dann aber sichtbar machen, daß er an einer verborgenen, todbringenden Krankheit leidet. In den prophetischen Botschaften offenbart der Geist, was dem menschlichen Auge verborgen ist. Er enthüllt Hintergründe, deckt Ursachen auf, stellt Diagnosen und zeigt Therapien. Oft steht das prophetische Röntgenbild im Widerspruch zum äußeren Erscheinungsbild der Gemeinde und Gesellschaft.

Ein einprägsames Beispiel dafür ist die prophetische Botschaft Noahs. In ihm war nach dem Zeugnis des Neuen Testaments der Geist Christi (1 Pt 3,19.20). Seine Botschaft stand im Widerspruch zur geschichtlichen Wirklichkeit seiner Zeit. Das äußere Erscheinungsbild jener Tage gibt Jesus mit den Worten wieder: „Sie aßen und tranken, freiten und ließen sich freien ..." (Mt 24,38) Fortschrittsoptimismus, Genießen, Sichausleben stand auf der Tagesordnung. Das prophetische Röntgenbild aber deckt den inneren Zustand der Menschen auf: verdorben, gerichtsreif, für Gottes Geist verschlossen (1 Mo 6,5.6). Noah kündigt unter blauem Himmel bei strahlendem Sonnenschein eine verheerende Flut an. Er baut ein riesiges Rettungsschiff auf trockenem Land, fernab von Flüssen und Meeren. Seine Botschaft und sein Tun stehen in krassem Gegensatz zum Lebensgefühl seiner Mitmenschen und zu seiner Zeit.

Das Ziel prophetischer Botschaften ist aber nicht geistgewirkte Zeitanalyse, sondern Ruf zur Umkehr. Der Geist gibt dem Propheten die Freiheit, die Wahrheit ohne Ansehen der Person an Könige und Volk, Priester und Pseudopropheten, Reiche und Arme zu richten. Immer zielt der Geist auf das Herz des Menschen. Jeremias Tempelrede steht beispielhaft für das Wirken des Geistes durch die Propheten: „Bessert euer Leben und euer Tun, so will ich bei euch wohnen an diesem Ort." (Jer 7,1-3; 26,1-24)

Der Ruf zur Umkehr ist immer mit in die Zukunft weisenden Verheißungen verbunden oder mit Gerichtsankündigungen bei Verharren in der Gottlosigkeit. Propheten fragen auch nicht nach den Konsequenzen ihrer Botschaft. Sie sind bereit, sich verspotten und gefangennehmen zu lassen, nötigenfalls dafür zu sterben. Jesus sagt dazu: „Jerusalem, Jerusalem, die du tötest die Propheten und steinigst, die zu dir gesandt sind." (Mt 23,37) Gottes Geist gab den Propheten nicht nur die Botschaft, sondern auch die Kraft, ihrem Auftrag bis in den Tod treu zu bleiben.

Verheißung eines qualitativ und quantitativ veränderten Wirkens des Geistes

Überblicken wir den bisherigen Weg und die Wirkungsgeschichte des Geistes Gottes im Alten Testament, so fällt auf, daß das Erfaßtsein vom Geist bestimmten Personengruppen vorbehalten ist. Dazu gehören die Führer des Volkes, Richter, Könige, Künstler und Propheten. Jeder wurde für kürzere oder längere Zeit mit Geist ausgestattet, um die ihm von Gott zugewiesene Aufgabe erfüllen zu können.

Immer erwies sich der Geist dabei als führende, befreiende und einigende Gegenwart Gottes in seinem Volk. Das Erfülltwerden mit dem Geist war aber noch keine Erfahrung, die das ganze Volk umfaßte. Zwar hatten die Israeliten Anteil an den Segnungen, die durch geisterfüllte Personen gewirkt wurden, aber das Volk selbst stand noch außerhalb einer unmittelbaren Geisterfahrung. Verschiedene Propheten kündigen aber an, daß sich diese Situation ändern wird. Sie sagen ein umfassenderes Wirken des Geistes Gottes voraus, und zwar qualitativ und quantitativ.

In Hesekiel 36,26.27 wird von einer einschneidenden Wende im Wirken des Geistes Gottes gesprochen: „Und ich will euch ein neues Herz und einen neuen Geist in euch geben und will das steinerne Herz aus eurem Fleisch wegnehmen und euch ein fleischernes Herz geben. Ich will meinen Geist in euch geben und will solche Leute aus euch machen, die in meinen Geboten wandeln und meine Rechte halten und danach tun." (Vgl. Hes 11,19.20.) Er wird in die Tiefenschichten des Menschen vordringen und dort eine „lebensgefährliche Operation" durchführen. Das steinerne, hart verschlossene, nicht zugängliche Herz – eine Perversion des Ebenbildes Gottes im Menschen – wird ausgewechselt gegen ein fleischernes, wahrhaft menschliches. Gott vollbringt dieses Wunder zusammen mit dem Geist, den er in das Innere des Menschen legen will. Das ist ein schöpferischer Vorgang. Durch den Geist wird das Herz des Menschen, das Zentrum seines Willens und Wünschens, Planens und Denkens aufgebrochen. Das steinerne, tote Herz wird durch ein fleischernes ersetzt. Die Kommandozentrale im Menschen, die fremdbesetzt ist – ein steinernes Herz ist ein Fremdkörper – wird vom Geist Gottes in Besitz genommen.

Dieses Ereignis, das in der Zukunft geschehen soll, hat schon rückwirkend in David die Bitte ausgelöst: „Schaffe in mir, Gott, ein reines Herz, und gib mir einen neuen beständigen Geist." (Ps 51,12) Das erste Wort seines Gebets (hebr.: *bara*) ist im Alten Testament ausschließlich Gottes schöpferischem Wirken vorbehalten. Wie der Geist Gottes in der Schöpfung am Werk war, so wird er als *creator spiritus* (Schöpfer-Geist) in der Neuschöpfung des Menschen tätig. Nur der Geist ist imstande, dieses Werk und Wunder zu wirken. Die Folge davon wird sein, daß die gute Weisung Gottes, die Tora, nicht mehr an einem harten Herzen abprallt, sondern Eingang findet in ein offenes Herz, das sich vom Wort Gottes bestimmen und leiten läßt.[1] Nicht auf Zeit soll der Mensch für bestimmte Aufgaben ausgerüstet werden, vielmehr will der Geist den Menschen lebenslang von innen auf das Reich Gottes vorbereiten. Das ist der qualitativ neue Aspekt, der im Wirken des Geistes sichtbar werden soll. Im Neuen Testament kommt dieses Geschehen ausführlich und variationsreich zur Sprache.

Das Wirken des Geistes soll sich aber auch quantitativ verändern. Im Alten Testament blieb sein Handeln auf bestimmte Personengruppen in Israel begrenzt. Prophetische Ankündigungen verheißen mehrfach, daß der Geist in die Breite wirken wird. Nicht einzelne Personen sollen Geistwirkungen erfahren, sondern das

---

[1] Kraus, Hans Joachim, a. a. O., S. 28.

ganze Volk. Jesaja, Hesekiel und Sacharja verkünden eine Ausgießung des Geistes auf *ganz Israel* (Jes 32,14; 44,3; Hes 39,29; Sach 12,10). Wie Ströme erquickenden Wassers auf ausgetrocknetes Land niedergehen, so wird sich der Geist auf das Volk ergießen. „Vom Himmel herab", „aus der Höhe" wird die Segensfülle des Geistes herniederkommen.

Eine Prophezeiung Joels sprengt schließlich die nationalen Grenzen Israels und überbietet alle anderen Geistverheißungen. Auf *alles Fleisch* wird der Geist ausgegossen werden. „Und nach diesem will ich meinen Geist ausgießen über alles Fleisch ..." (Joel 3,1.2) Die ganze Menschheit ist davon betroffen. Der Geist ist für alle da. Alle können neues Leben von Gott empfangen. Vielsagend wird die Aussage „alles Fleisch" differenziert: „Männer und Frauen, Alte und Junge, Knechte und Mägde." Der Geist Gottes hebt die Unterschiede zwischen den Menschen nicht auf. Männer und Frauen bleiben, was sie sind, ebenso Alte und Junge, Knechte und Mägde. Gottes Geist betreibt keine Gleichmacherei. Vor ihm sind alle gleich, die Starken und die Schwachen, auch die scheinbar einfluß- und bedeutungslosen Glieder der menschlichen Gemeinschaft.

Die Gruppen, die in den Geistempfang einbezogen werden, enthalten Ansatzpunkte für Spannungen und Konflikte im menschlichen Zusammenleben: Geschlechterkonflikte, Generationsprobleme, Standesunterschiede, soziale Ungleichheit. Der Geist benutzt diese Unterschiede für sein Wirken. Er befähigt alle, miteinander und nicht gegeneinander zu handeln. Durch den Geist wird die Vielfalt unterschiedlicher Erfahrungen zum Reichtum in der Gemeinde. Weltweit bewirkt der Geist, daß Menschen aus allen Gesellschaftsschichten Gott erkennen und bezeugen.

Verheißung eines kommenden Geistträgers

Die Propheten kündigen nicht nur ein weltumspannendes Wirken des Geistes an. Sie verheißen eine Person, die in einer einzigartigen Beziehung zum Geist stehen wird. Dieser Geistträger wird ganz vom Geist erfaßt und durchdrungen sein, nicht partiell, nicht auf Zeit, nicht nur, um bestimmte Aufgaben erfüllen zu können. Gottes Geist wird bleibend auf ihm ruhen. Sein ganzes Dasein wird immerwährende Gemeinschaft mit dem Geist zum Ausdruck bringen. Durch das Einssein mit dem Geist wird er aus der gesamten Menschheit herausgehoben und steht als wahrer Mensch ganz auf Gottes Seite. In ihm wird in der Kraft des Geistes Gott selbst gegenwärtig sein. Diese Zukunftsschau ist dem Propheten Jesaja geschenkt worden. Drei Verheißungen weisen auf die einzigartige Gemeinschaft zwischen dem Geist und dem kommenden Geistträger hin:

Jesaja 11,1ff.: „Und es wird ein Reis hervorgehen aus dem Stamm Isais und ein Zweig aus seiner Wurzel Frucht bringen. Auf ihm wird ruhen der Geist des Herrn, der Geist der Weisheit und des Verstandes, der Geist des Rates und der Stärke, der Geist der Erkenntnis und der Furcht des Herrn." Der Ursprung des Geistträgers wird auf die Verheißung zurückgeführt, die der Prophet Nathan seinerzeit König David gegeben hat (2 Sam 7,11-16). Aus dem Geschlecht Isais soll er hervorgehen. Bleibend wird der Geist des Herrn auf ihm *ruhen*. Er wird ausgerüstet mit einer Fülle von Gaben: „Auf ihm wird ruhen der Geist des Herrn, der Geist der Weisheit und des Verstandes, der Geist des Rates und der Stärke, der Geist der Erkenntnis und der Furcht des Herrn." Auf diesen Geistträger zielt alles Wirken des Geistes hin. In ihm wird er zur Ruhe kommen.

In Jesaja 42,1ff. wird der kommende Geistträger „Knecht und Auserwählter Gottes" genannt. Von ihm sagt Gott selbst: „Ich habe meinen Geist auf ihn gelegt. An ihm habe ich Wohlgefallen." Seine Aufgabe besteht darin, Gottes Erbarmen zu den Kranken, Schwachen und Benachteiligten zu bringen, Licht und Hoffnung für die Völker zu sein, universale Gerechtigkeit aufzurichten. Sein Wirken trägt nicht die Wesenszüge irdischer Herrscher, sondern ist völlig anderer Natur. „Das geknickte Rohr wird er nicht zerbrechen, und den glimmenden Docht wird er nicht auslöschen. In Treue trägt er das Recht hinaus." (V. 3)

Alle Linien, die zum kommenden Geistträger führen, laufen in Jesaja 61,1ff. zusammen. Die Selbstaussage beginnt mit dem Satz:

AUF DEN SPUREN DES HEILIGEN GEISTES

„Der Geist des Herrn *ruht* auf mir, weil mich der Herr gesalbt hat." Die Salbung mit dem Geist ist das Kennzeichen des kommenden Geistträgers. Er ist der Geistgesalbte, der Messias. Sein Wirken ist nicht auf Israel begrenzt, sondern umfaßt „Fremde und Ausländer" (V. 5), ja „alle Völker" (V. 11). Wie der Geist auf „alles Fleisch", auf die gesamte Menschheit ausgegossen wird, so wendet sich dieser Geistträger allen Menschen zu.

Die drei Verheißungen des Propheten Jesaja haben ihren Niederschlag im Neuen Testament gefunden. Sie werden von den Verfassern der Evangelien auf Jesus Christus, den Geistgesalbten bezogen. In ihm finden sie ihre Erfüllung (Mt 12,15-17; Lk 4,17-21; Mk 1,11).

Zusammenfassung

Wir haben uns beim Gang durch das Alte Testament auf die Spuren konzentriert, die das Wirken des Geistes hinterlassen hat. Nur den Spuren sind wir gefolgt, die über sich hinaus in die Zukunft gewiesen haben, also Spuren, die einmünden in den breiten Strom seines Offenbarwerdens im Neuen Testament. Dabei sind die Grundzüge des kommenden Geistwirkens in ein immer helleres Licht getreten.

Wie im Alten Testament vielfältige Verheißungen auf den kommenden Messias und sein Wirken zu finden sind, so enthält es auch direkte und indirekte Hinweise auf ein umfassenderes Wirken des Geistes in der messianischen Zeit. Was aber in die Zukunft weisende Spuren des Geistwirkens sind, das wird erst im Licht des Neuen Testaments voll sichtbar. Folgende Linien sind deutlich erkennbar, die ins Neue Testament reichen und dort weiter ausgezogen werden:

1. Der Geist handelt als schöpferische Kraft bei der Erschaffung der Welt. Er ruft aus dem Urchaos einen vollendeten Kosmos ins Dasein. Dieselbe schöpferische Kraft bewirkt durch Christus eine Neuschöpfung im Menschen (2 Ko 5,17). Derselbe Geist handelt in der Auferstehung, die gleichfalls Neuschöpfung ist (Rö 8,11). Das

Ziel der Wege Gottes ist schließlich die Erschaffung eines neuen Himmels und einer neuen Erde, in denen Gerechtigkeit wohnt (2 Pt 3,13).
  2. Der Geist wirkt als Kraft, die befreit, eint und zu neuem Handeln befähigt. Im Leben von Menschen, die getrennt, von Angst gebunden und handlungsunfähig sind, führt der Geist die entscheidende Wende herbei. Das ist aus der Sicht des Neuen Testaments eine wesentliche Aufgabe des Geistes. Er überführt und befreit von Sünde, eint und versöhnt Menschen. Er führt zur entscheidenden Wende im Leben eines Menschen.
  3. Im Alten Testament schenkt der Geist einzelnen Personen Gaben, um beim Bau der Stiftshütte spezifische Aufgaben ausführen zu können. Die Gabenausrüstung beim Errichten des Heiligtums mündet ein in den breiten Strom des Geistwirkens beim Bau der neutestamentlichen Gemeinde. Die Gemeinde ist der Tempel des Heiligen Geistes (1 Ko 3,16.17). Nicht einzelne Personen, sondern jeder Christusgläubige wird vom Geist mit Gnadengaben (Charismen) ausgestattet, um seinen Beitrag in der Gemeinde leisten zu können (Eph 4,7.11.12; 1 Pt 4,10).
  4. Im Alten Testament erfaßt der Geist Gottes spontan Menschen, um für eine begrenzte Zeit durch sie zu wirken. Nur von einigen Personen wird gesagt, daß der Geist auf ihnen blieb. Der neutestamentlichen Gemeinde ist der Geist Gottes für immer gegeben (Jo 14,16). Jeder Christusgläubige hat ihn empfangen. Seit der Ausgießung des Geistes zu Pfingsten ist er gegenwärtig und spricht durch die Zeiten zur Gemeinde (Offb 2 und 3).
  5. Im Alten Testament benutzt Gottes Geist Menschen, um durch sie Situationen und äußere Verhältnisse zu verändern. In diesem Wirken ist aber nicht zu erkennen, daß die Existenz der Menschen verändert und von innen her erneuert wird. Nur andeutungsweise wird von diesem Werk des Geistes gesprochen (Ps 51,12-14). Im Neuen Testament aber hat der Geist freie Bahn, um im Menschen Wohnung zu nehmen und ihn von innen her zu verändern. Durch den Geist ist die Liebe Gottes ausgegossen in unser Herz (Rö 5,5).

AUF DEN SPUREN DES HEILIGEN GEISTES

6. Alles, was das Alte Testament über das Wirken des Geistes aussagt – seine schöpferische Kraft, sein befreiendes und einendes Handeln, das Ausrüsten mit Gaben, seine bleibende Gegenwart, das Situationen und Menschen verwandelnde Handeln – konzentriert sich in den Evangelien auf eine Person. Wie Strahlen, die in einem Brennpunkt zusammentreffen, deuten sie auf Jesus von Nazareth. Auf ihm ruht der Geist in Fülle. Er steht in einer einzigartigen und einmaligen Beziehung zum Geist. Jesus offenbart durch Wort und Leben, wer und was Gottes Geist für uns ist. Er ist der Geistträger und Gottes „geistvollster" Zeuge.

Kapitel 3

Jesus:
Gottes Geist-vollster Zeuge

Im Neuen Testament thematisieren die vier Evangelien das Verhältnis, das der Geist zu Jesus und Jesus zum Geist hat. In vier konzentrischen Kreisen wird die enge Beziehung zwischen dem Geist und Christus dargestellt, so daß von einer „Geist-Christologie"[1] gesprochen werden kann, die sich durch das ganze Neue Testament zieht (vgl. Apg 10,38; 2 Ko 3,17):

1. In den Ereignissen, die seine Geburt beschreiben und das Geheimnis der Menschwerdung (Inkarnation) berühren.

2. Im Taufgeschehen, in dem Jesus die Salbung mit dem Geist empfängt, in seine öffentliche Aufgabe eingesetzt und für diesen Dienst ausgerüstet wird.

3. In seinem öffentlichen Wirken, in dem Jesus in der Kraft des Geistes redet und handelt.

4. In den Reden Jesu über den Geist, die uns zum Geheimnis der Dreieinigkeit hinführen und Jesus als den Vermittler des Geistes offenbaren.

Die Geist-Christologie des Neuen Testaments zeigt an, daß Jesus und der Geist untrennbar miteinander verbunden sind. In Jesus Christus ist der Geist „ohne Maß", d. h. in maßloser Fülle gegenwärtig (Jo 3,34). Jesus Christus ist *der* Geistträger, Gottes „geistvollster" Zeuge.

---

[1] Kraus, Hans Joachim, a. a. O., S. 34.

AUF DEN SPUREN DES HEILIGEN GEISTES

Das Geistwirken in Verbindung mit der Geburt und Inkarnation des Sohnes Gottes

Lukas berichtet ausführlicher als die beiden anderen Synoptiker[1] über die Geburt Jesu. Er setzt auch andere Akzente. Von ihm wird das Eingreifen des Geistes in Verbindung mit dem Geburtsgeschehen und der Inkarnation mehrfach herausgestellt. Er nennt die Personen, die der Heilige Geist in die Geburtsereignisse einbezieht. Dazu gehören: Elisabeth, die Mutter Johannes des Täufers (1,41), Zacharias, sein Vater (1,67), Simeon, ein betagter Israelit (2,25), Maria, die Mutter Jesu (1,35) und Johannes, der Vorläufer des Messias (1,15).

Von den genannten Personen wird ausdrücklich gesagt, daß der Geist Gottes durch sie spricht oder an ihnen handelt.

Zuerst ist Johannes der Täufer zu nennen. Bei der Ankündigung seiner Geburt weist der Engel des Herrn darauf hin, daß Johannes bereits im vorgeburtlichen Stadium mit dem Heiligen Geist „erfüllt" sein wird (1,15). Von keinem Propheten ist das jemals gesagt worden. Sie erhielten die Geistausrüstung bei ihrer Berufung, Johannes aber „von Mutterleib an". Er hatte eine einzigartige Aufgabe zu erfüllen wie vor ihm kein anderer Prophet. Die Propheten kündigten den Geistträger an. Johannes aber soll ihm den Weg ebnen und das Volk auf den Messias vorbereiten (1,17). Für diesen Dienst rüstet der Heilige Geist ihn in einzigartiger Weise aus. Deshalb nennt ihn Jesus später „mehr als einen Propheten" (7,26.28). Mit Johannes dem Täufer beginnt ein neuer Abschnitt im Handeln Gottes und im Wirken des Geistes.

Lukas stellt wohl absichtlich beide Geburtsankündigungen kontrastreich gegenüber: die des Johannes und die von Jesus. Johannes soll von Mutterleib an mit dem Geist erfüllt werden. Im Unterschied dazu wird der Geist Gottes in Maria auf übernatürliche Weise das Wunder der Zeugung des Sohnes Gottes bewirken. Genau das

---

[1] Die drei Evangelisten Matthäus, Markus, Lukas werden in der Fachliteratur als Synoptiker bezeichnet, so genannt wegen der weitgehenden textlichen Übereinstimmung im Unterschied zum Johannes-Evangelium.

JESUS: GOTTES GEIST-VOLLSTER ZEUGE

spricht der Gottesbote Gabriel aus, als er der Jungfrau Maria die Geburt Jesu ankündigt: „Heiliger Geist wird über dich kommen, und die Kraft des Höchsten wird dich überschatten ..." (1,35) Der Heilige Geist wird mit der Kraft Gottes gleichgesetzt. Hier wird an die Schöpferkraft erinnert, die das Urchaos besiegte (1 Mo 1,2). Sie wird das Wunder der Inkarnation bewirken.

Beide Verben (*eperchomai* = über jemanden kommen und *episkiazo* = überschatten) werden niemals für den geschlechtlichen Umgang gebraucht. Sie weisen auf das schöpferische Handeln Gottes und des Geistes hin, der das Menschenunmögliche möglich macht; „denn bei Gott ist kein Ding unmöglich" (Lk 1,37). Der Heilige Geist setzt damit den Anfang des irdischen Lebens Jesu. Im Matthäusevangelium wird dieses geistgewirkte Geschehen mit den Worten wiedergegeben: „denn was sie empfangen hat, das ist von dem heiligen Geist." (Mt 1,20) Johannes ist der von Mutterleib an mit *Gottes Geist Erfüllte*; Jesus ist der im Mutterleib vom *Heiligen Geist Gezeugte*. Beide sind durch den Heiligen Geist miteinander verbunden, zugleich aber infolge ihrer jeweils anderen Entstehung voneinander unterschieden.[1]

Der Geist wirkt aber nicht nur bei der Geburt des Johannes und in der Inkarnation des Sohnes Gottes. Im Umfeld beider Ereignisse finden wir weitere Spuren. Als die beiden schwangeren Frauen Elisabeth und Maria einander begegnen, ereignet sich folgendes: „Als Elisabeth den Gruß Marias hörte, hüpfte das Kind in ihrem Leibe." (Lk 1,41) Maria grüßt Elisabeth mit dem jüdischen Schalomgruß. Dieser Gruß wird in vorgeburtlicher Weise durch den schon geisterfüllten Johannes beantwortet. Das ungeborene Kind springt vor Freude im Leib der Mutter. Der geisterfüllte Embryo empfindet in einer für uns unerklärbaren Weise das geheimnisvolle Miteinander zwischen der geisterfüllten und geistgezeugten Leibes-

---

[1] „Jesus bleibt als Geistgezeugter *seinsmäßig* mit Gott verbunden, während die geisterfüllten Christen wie Johannes der Täufer *auftragsbezogen* mit Gott durch den Heiligen Geist verbunden sind." Dieter Schneider, *Der Geist, der Geschichte macht*, Aussaat Verlag, Neukirchen-Vluyn, 1992, S. 17.

frucht. Elisabeth selbst wird bei diesem Geschehen ebenfalls mit Heiligem Geist erfüllt. Sie erkennt durch den Geist, daß das Kind im Leib Marias „der Herr" ist (Lk 1,43). Geisterfüllte Rede spricht keinen Wunsch aus, sie verkündet immer Realitäten. Den Menschen Jesus als Herrn und Gott zu erkennen und das lobpreisend auszusprechen, ist nur möglich durch den Geist Gottes.

Auch Zacharias, der Vater des Johannes, interpretiert vom Geist erfüllt die Geburt des geisterfüllten Johannes. „Und du, Kindlein, wirst ein Prophet des Höchsten heißen. Denn du wirst dem Herrn vorangehen, daß du seinen Weg bereitest." (Lk 1,76) Zugleich weist er auf das Werk des geistgezeugten Jesus hin (Lk 1,67ff.). Er erkennt, daß in diesen Ereignissen Gott selbst sich aufgemacht hat, um sein Volk zu besuchen und zu erlösen. Er lobt Gott für eine vollbrachte Tat, die erst in Zukunft Ereignis wird. Durch den Geist wird der Lobpreisende in die kommende Zukunft hineingeführt.

Schließlich ist noch der betagte Simeon zu nennen (Lk 2,25-27). Hier wird ein dreifaches Eingreifen des Geistes in sein Leben genannt:

1. Der Geist hat ihn zu einem „wartenden" Menschen gemacht. Er hat in ihm die uralte Hoffnung wachgehalten. Das Besondere an der Person Simeons ist, daß „Geist mit Hoffnung und Erwartung auf das Kommen des verheißenen Erlösers gekoppelt ist".[1] Nur durch den Geist können wir wartende, hoffende, adventliche Menschen bleiben. Der Geist ist dort am Werk, wo Menschen auf das Kommen und Eingreifen Gottes warten.

2. Durch den Geist empfing Simeon eine göttliche Zusage, nämlich die Gewißheit, daß er während seiner Lebenszeit den „Christus des Herrn" sehen wird. Hoffnung ist kein Prinzip, das immer nur gehofft werden muß. Hoffnung ist nur dann wirkliche Hoffnung, wenn auch die Erfüllung, das Sehen kommt. Am Ende des langen Hoffnungsweges steht das leibhaftige Schauen des Gottgesandten. Diese Gewißheit vermittelt bis heute der heilige Geist. „Wir werden ihn sehen, wie er ist." (1 Jo 3,2)

---

[1] Dieter Schneider, a. a. O., S. 19.

JESUS: GOTTES GEIST-VOLLSTER ZEUGE

3. Gottes Geist führt Simeon zur rechten Zeit in den Tempel. Wo der Geist Gottes ist, da ist Führung. Immer weist er den Weg zu Jesus. Das war sein Werk an Simeon. Das bleibt beständig seine Aufgabe: Menschen zu Jesus zu führen und Jesus vor den Menschen zu verherrlichen, und zwar im „Tempel" seiner Gemeinde. Weil sich Simeon vom Geist führen läßt, kann er die erfüllte Hoffnung mit seinen Augen sehen. Durch den Geist spricht er die Worte aus: „Meine Augen haben den Retter gesehen ... den du bereitet hast vor allen Völkern, ein Licht, zu erleuchten die Nationen und zum Preis deines Volkes Israel." (Lk 2,29-32)

Wie erwähnt beginnt mit Johannes dem Täufer ein neuer Abschnitt im Wirken des Geistes. Das Einzigartige seines Handelns zeigt sich im Erfülltsein von Mutterleib an, das Neue in der Art und Weise seines Wirkens. Der geisterfüllte Johannes tritt nicht wie die alttestamentlichen Richter auf, die durch den Geist im richtigen Augenblick für ihre jeweilige Aufgabe befähigt wurden. Auch nicht wie die Propheten, die nach ihrer Berufung vom Geist ergriffen prophetisch redeten.

Johannes wartet auf den von Gott bestimmten Augenblick, der im „fünfzehnten Jahr der Herrschaft des Kaisers Tiberius" da ist, „da geschah das Wort Gottes zu Johannes" (Lk 3,1.2). Obwohl geisterfüllt, vollbringt Johannes auch keine Wunder (Jo 10,47), wie viele der vom Geist ergriffenen Richter und Propheten. Um Menschen für das Kommen des Messias und auf sein Reich vorzubereiten, sind nicht Wunder nötig, sondern Buße und Umkehr. Dazu ruft Johannes auf. Er predigt und kündigt den Anbruch des Reiches Gottes an (Mt 12,2).

Mit Johannes bahnt sich ein neues Wirken des Geistes an, das sich in der neutestamentlichen Gemeinde voll entfaltet.

Zusammenfassung

Die Erfüllung der Messiasverheißungen ist sowohl in der Inkarnation als auch im Umfeld der Geburt Jesu mit dem Wirken des Geistes Gottes verbunden. Im Unterschied zu Johannes dem Täufer, der zwar von Mutterleib an mit Geist erfüllt aber auf menschliche Weise gezeugt wurde, setzt allein der Heilige Geist den Anfang des irdischen Lebens Jesu. Durch das Handeln des Geistes kommt Gottes Sohn in diese Welt von Raum und Zeit und mit ihm der Geist und Gott selbst. Der Geist wirkt dabei in einer Weise, die alles überbietet, was uns bisher im Alten Testament begegnet ist.

Die Geistsalbung in der Taufe bedeutet die Einsetzung des Christus in seine Aufgabe

Nach dem Eingreifen des Geistes bei allem, was die Geburt betrifft, hören wir direkt nichts mehr vom Geisteswirken im Leben Jesu. Von Johannes wird gesagt, daß „das Kindlein wuchs und stark im Geist wurde" (Lk 1,80). Der Geisterfüllte vom Mutterleibe an bedarf eines Wachstums im Geist, einer Formung seiner Persönlichkeit als Vorbereitung für seine Aufgabe. Im Unterschied dazu heißt es von Jesus: „Das Kind aber wuchs und wurde stark, voller Weisheit, und Gottes Gnade war bei ihm." (Lk 2,40)

Johannes muß im Geist erstarken, Jesus nicht. In ihm ist die Fülle des göttlichen Geistes gegenwärtig. Wieder tritt der grundsätzliche Unterschied zwischen dem Geistgezeugten und dem Geisterfüllten zutage. Erst in der Taufe Jesu und den sich daran anschließenden Ereignissen wird das Wirken des Geistes wieder genannt. Dreißig Jahre des Lebens Jesu werden übersprungen. Obwohl geistgezeugt wird nichts darüber gesagt, daß Jesus vor seiner Taufe in der Kraft des Geistes gehandelt hat. Seine Mitbürger in Nazareth haben in ihm nichts Außergewöhnliches gesehen (Lk 4,22; Mt 13,54ff.; Mk 6,1f.). Er war für sie der Sohn eines Zimmermanns, dessen Familienverhältnisse bekannt waren. Mit der Taufe aber beginnt ein neuer Abschnitt im Leben Jesu, der ganz und gar vom Heiligen Geist geprägt ist.

Alle vier Evangelien sehen in der Taufe den entscheidenden Akt der Geistmitteilung. Warum aber braucht der vom Geist Gezeugte die Salbung mit dem Heiligen Geist? In welchem Verhältnis stehen Geistzeugung und Geistmitteilung zueinander? Macht das eine das

JESUS: GOTTES GEIST-VOLLSTER ZEUGE

andere nicht überflüssig? Die Antworten finden wir in dem, was während der Taufe Jesu geschah. Vier äußere Merkmale führen zum inneren Wesen seiner Taufe und verdeutlichen, was sich in ihr ereignete:

1. Während der Taufe Jesu öffnet sich der Himmel (Mt 3,16; Mk 1,10; Lk 3,21). Der offene Himmel ist ein Heilszeichen. Das Bild vom verschlossenen Himmel bringt das Getrenntsein von Gottes Welt zum Ausdruck. Was in der Taufe zeichenhaft geschieht, weist hin auf die Heilszeit, die mit Jesus angebrochen ist. Für alle Menschen wird durch Jesus der Weg zu Gottes neuer Welt geöffnet.

2. Aus dem geöffneten Himmel ruft eine Stimme: „Du bist mein lieber Sohn, an dir habe ich Wohlgefallen." (Lk 3,22) Die Himmelsstimme ist kein Ruf wie ihn Propheten und auch Paulus erlebten, als sie berufen wurden (z. B.: „Mose, Mose ..." [2 Mo 3,2] oder „Saul, Saul ..." [Apg 9,4]). Sie ist vielmehr eine Erklärung, eine Proklamation. Die Stimme bestätigt das, was Jesus ist. Der Vater bekennt öffentlich, daß dieser Jesus von Nazareth sein Sohn ist. Durch die Taufe wird Jesus nicht zum Sohn Gottes erhoben oder adoptiert, sondern der Vater offenbart, wer der Sohn ist und schon immer war.

3. Nach dem Zeugnis der vier Evangelien kommt der Geist wie eine Taube auf Jesus herab. Lukas fügt hinzu „in leiblicher Gestalt" (Lk 3,22). Diese Formulierung ist im Alten Testament in Verbindung mit dem Geist Gottes unbekannt. Der Geist verbindet sich ganz mit dem Sohn, wird eins mit ihm. Er empfängt den Geist ohne Maß, in unbegrenzter Fülle. Das ist *das* Kennzeichen des Sohnes, daß der Geist in ihm ohne Maß gegenwärtig ist, „denn Gott gibt den Geist (und zwar dem Sohn) ohne Maß" (Jo 3,34).

4. Jesus betet während der ganzen Taufhandlung (Lk 3,21). Während die Taufe schon vollzogen ist (Partizip Aorist), dauert das Beten Jesu an (Partizip Präsens). Das Beten prägt das ganze Geschehen. Beten und Heiliger Geist stehen in engem Zusammenhang.[1] Es setzt sich fort im beständigen Beten der Apostel und der

---

[1] Dieter Schneider, a. a. O., S. 22.23.

ersten Christen nach der Ausgießung des Heiligen Geistes. Das Kennzeichen geisterfüllter Menschen ist ihr Bleiben im Gebet. „Durch den Geist rufen wir Abba, lieber Vater." (Rö 8,15) Welche Bedeutung hat die Taufe Jesu für den Vater, den Sohn, den Heiligen Geist und für uns Menschen?

1. Für den Vater bedeutet die Taufe Jesu die öffentliche Bekanntgabe, daß Jesus von Nazareth sein „geliebter Sohn", und zwar der Einzig-Eine (*monogenes*) ist. Mit dieser Bekanntmachung enthüllt der Vater, was der Sohn schon immer war. Als Bestätigung seiner Sohnschaft empfängt er sichtbar den Heiligen Geist. Der Geistempfang des Sohnes offenbart das, was in der Geistzeugung verborgen geschehen ist. Beides gehört zusammen und greift ineinander: Geistzeugung und Geistbegabung. Was sich zwischen dem Vater und dem Sohn in der Taufe ereignet hat, drückt Jesus selbst an anderer Stelle so aus: „Alle Dinge sind mir übergeben von meinem Vater, und niemand kennt den Sohn denn nur der Vater, und niemand kennt den Vater denn nur der Sohn und wem es der Sohn will offenbaren." (Mt 11,27) In der Taufe Jesu vollzieht sich also trinitarisches Handeln.

2. Für den Sohn bedeutet die Taufe die Salbung, das Charisma, mit dem Geist. Mit der Salbung beginnt seine Sendung als Messias. Der Geist setzt ihn in seine Aufgabe ein. Zugleich empfängt er durch den Geist die Ausrüstung, die er dafür braucht. Sie besteht aber nicht in Gaben, wie sie später der Gemeinde als Charismen vermitteln werden, sondern der Geist selbst ist die Gabe. Der Geist verbindet sich so eng mit dem Sohn, daß Paulus sagen kann: „Der Herr ist der Geist." (2 Ko 3,17) Alles Handeln des Sohnes ist ein Wirken durch den Geist und zusammen mit dem Geist.

3. Für den Geist bedeutet die Taufe Jesu, daß er mit seiner ganzen Fülle in engster Gemeinschaft mit Jesus verbunden bleibt. Der Geist verwirklicht damit, was er selbst durch die Propheten mitteilen ließ: auf dem Geistgesalbten wird der Geist ruhen (Jes 11,2; 61,1ff.). Johannes der Täufer bringt die Erfüllung mit den Worten zum Ausdruck: „Der mich sandte zu taufen mit Wasser, der sprach zu mir: Auf wen du siehst den Geist herabfahren und *auf ihm bleiben*,

der ist's …" (Jo 1,33) Bleibt der Geist aber mit dem menschgewordenen Sohn verbunden, dann nimmt er auch an dessen Erniedrigung teil. Der Hebräerbrief sagt dazu: „Christus hat sich selbst durch den ewigen Geist Gott als ein fehlerloses Opfer dargebracht." (Hbr 9,14) Unsere Erlösung ist also das Ergebnis trinitarischen Handelns.

4. Für uns Menschen bedeutet die Taufe Jesu, daß er sich mit uns auf eine Stufe stellt. Er solidarisiert sich mit dem sündigen, der Umkehr und der Erlösung bedürftigen Menschen. Obwohl Jesus sündlos ist, also keiner Vergebung und Wiedergeburt bedarf, läßt er sich taufen. Damit beginnt er, das Versagen der Menschen auf sich zu nehmen. Seine Taufe ist das Zeichen dafür, daß er sich mit der Menschheit und ihrer Schuld identifiziert hat. Johannes fügt noch eine wesentliche Bemerkung hinzu. Auf dem der Geist bleibt, „der ist's, der mit dem heiligen Geist tauft" (Jo 1,33). Jesus empfängt den Geist nicht nur für sich, sondern auch für seine Nachfolger, damit er sie mit dem Heiligen Geist taufen kann. Die Taufe Jesu und die Geistestaufe der Gemeinde stehen in einer nicht aufgebbaren Beziehung. Darauf gehen wir später ein.

Zusammenfassung

Die Geistzeugung bei der Geburt und die Geistmitteilung in der Taufe machen deutlich, daß Jesus kein Pneumatiker ist wie die alttestamentlichen Richter. Auf sie fiel der Geist Gottes plötzlich und zeitbegrenzt. Er befähigte sie zu außergewöhnlichen Handlungen, ohne ihr Leben und Wesen zu erneuern.

Jesus ist auch nicht so vom Geist ergriffen wie die Propheten, die ihre Botschaften vom Geist empfingen und weitergaben. Selbst Johannes der Täufer, der von Mutterleib an mit Geist Erfüllte, stand in einer anderen Beziehung zum Geist als Jesus Christus, der mit Geist Gesalbte. Jesus ist in exklusiver Weise geistverbunden. Auf ihm und in ihm ruht der Geist. Er bestimmt voll und ganz sein Personsein. Einerseits rüstet er ihn beständig dazu aus, seine Sendung in der Welt und das Werk der Erlösung auszuführen. Andererseits verbindet sich der Geist aufs innigste in personaler Weise mit Jesus und verbindet damit zugleich den Sohn mit Gott selbst. Das macht die Einzigartigkeit Jesu als Gottes „geistvollstem" Zeugen aus.

Das öffentliche Wirken Jesu in der Kraft des Geistes

Bevor Christus, mit Geist gesalbt und ausgerüstet, aus seiner bisherigen Verborgenheit ins Licht der Öffentlichkeit tritt, wird er unmittelbar nach seiner Taufe vom Geist in die Wüste geführt. So berichten es die drei Synoptiker (Mt 4,1; Mk 1,12.13). Lukas präzisiert und schreibt: „Jesus aber, voll heiligen Geistes, kam wieder von dem Jordan und ward vom Geist in die Wüste geführt." (Lk 4,1) In seinen beiden Schriften benutzt Lukas die Formulierung „voll Geistes" nur dann, wenn ein besonderes Handeln des Geistes einsetzt (Lk 1,67; 4,1; Apg 2,4; 4,8.31).

Ein solch bedeutender Einschnitt ereignet sich am Beginn des öffentlichen Wirkens Jesu. Vom Geist erfüllt wird er vom Geist geführt. Diese Aussage – „Jesus voll Geistes" – ist einmalig. Sie wird in den Evangelien nicht wiederholt, weil sie sein ganzes Leben umfaßt. Beständig wiederholt sich die führende und leitende Macht des Geistes in seinem Leben. Der Geist führt. Das ist eine seiner Aufgaben.[1] Folgende Linie der Geistwirkung ist bei Jesus erkennbar: gezeugt vom Geist, gesalbt durch den Geist, erfüllt mit Geist, geführt vom Geist. Das hebt ihn aus der Reihe aller geisterfüllten Menschen heraus.

Nach der Versuchung in der Wüste erwähnt Lukas noch einmal das Erfülltsein Jesu mit dem Heiligen Geist: „Und Jesus kam in der Kraft des Geistes wieder nach Galiläa." (Lk 4,14) Damit stehen drei verschiedene Wendungen am Beginn der Wirksamkeit Jesu, die die

---

[1] Deshalb kann Paulus sagen: „Welche der Geist Gottes treibt [wörtlich: die vom Geist geführt werden, d. h. die sich vom Geist führen lassen], die sind Gottes Kinder." (Rö 8,14)

enge Verbindung zwischen dem Heiligen Geist und Jesus aufzeigen: „der heilige Geist fuhr in leiblicher Gestalt auf Jesus hernieder" (Lk 3,22), „Jesus aber voll heiligen Geistes" (Lk 4,1), „Jesus kehrte in der Kraft des Geistes zurück" (Lk 4,14). Diese Aussagen kennzeichnen den Beginn seines Dienstes. Sie bestimmen zugleich das gesamte Werk Christi. Deshalb gibt es in den Berichten auch keine weiteren Hinweise über besondere Geisterfahrungen Jesu. Alles was er sagt oder tut, kommt aus dem Kraftbereich des Heiligen Geistes. Seine Verkündigung ist Rede in der Kraft des Geistes. All seine Taten sind Werke in der Kraft des Geistes. Sein ganzes Leben ist Hingabe und Opfer in der Kraft des Geistes. Dabei bleibt Jesus immer Subjekt seines Handelns.

Das sind die drei Schwerpunkte seines Wirkens in der Kraft des Geistes: 1. Seine vollmächtige Verkündigung. 2. Der Sieg über die zerstörerischen Mächte des Bösen. 3. Die Überwindung der Macht der Sünde.

Am Beginn des öffentlichen Wirkens Jesu steht nach dem Lukasbericht die Verkündigung in der Synagoge seiner Heimatstadt Narzareth. Dort führt ihn der Geist Gottes zu einem Textabschnitt in der Schriftrolle des Propheten Jesaja: „Der Geist des Herrn ist auf mir, weil der Herr mich gesalbt hat ..." (Lk 4,17-21) Jesus offenbart sich in dieser programmatischen Predigt als der verheißene Geistgesalbte, d. h. als Messias und als der Träger des Geistes. Der Geist des Herrn „ist auf mir". Er ruht bleibend auf ihm. Die Geistsalbung ermächtigt Jesus zur vollmächtigen Verkündigung an die Armen, Gefangenen, Blinden und Zerschlagenen. Sein Wort bewirkt, daß Gefangene frei, Blinde sehend und Zerschlagene aufgerichtet werden. Ohne Erfülltsein mit Heiligem Geist keine Verkündigung, von der solche Wirkungen ausgehen.

Ob in der Bergpredigt oder in den Gleichnissen, ob in persönlichem Gespräch oder öffentlicher Verkündigung, immer geschieht etwas durch das Wort Jesu. In Nazareth wirkt es in zweifacher Weise: Zuerst wird Jesus von den Hörern gepriesen (Lk 4,22), dann versuchen sie, ihn einen Abhang hinabzustürzen (Lk 4,28.29). Das geistgewirkte Wort führt Menschen immer in eine Krise. Entweder bewirkt es Ablehnung, Verstockung und damit Gericht, oder es führt zu einem schöpferischen Neuanfang. Menschen öffnen sich der Kraft des Geistes und damit Gottes neuer Welt.

Das gleiche ereignet sich bei der Geistausgießung zu Pfingsten: Die einen spotten über die Verkündigung der Jünger (Apg 2,13), die anderen trifft das Wort mitten ins Herz. Über allen Worten, die Jesus gesprochen hat, steht die Aussage: „Der Geist ist's, der lebendig macht ... Die Worte, die ich zu euch geredet habe, die sind Geist und Leben." (Jo 6,63)

Den zweiten Schwerpunkt, der das Wirken Jesu in der Kraft des Geistes sichtbar macht, bilden die Krankenheilungen, Dämonenaustreibungen und Totenauferweckungen. Wenn auch bei keiner Krankenheilung der Geist Gottes ausdrücklich genannt wird, so sind doch alle Zeichen und Wunder Jesu Kraftwirkungen des Geistes. Mehrmals wird der Begriff „Kraft" (*dynamis*) eingesetzt, um das Wirken des Geistes zu beschreiben (Lk 5,17; 6,19; 8,46; 4,36). Jesus verkündigt nicht nur in der Kraft des Geistes das Kommen und die Gegenwart des Reiches Gottes. Seine Krankenheilungen sind die sichtbaren Zeichen dafür, daß die neue Welt Gottes mit ihm angebrochen ist. Sie sind Signale einer Neuschöpfung. Kranke und Leidtragende erfahren partiell die Weltvollendung, in der kein Leid, kein Schmerz und kein Schrei mehr sein wird.

Die Verbindung zwischen dem Wirken Jesu in der Kraft des Geistes und dem Anbruch von Gottes neuer Welt zeigt sich besonders deutlich in den Dämonenaustreibungen (z. B. Mk 1,23ff.34.39; 3,11; 5,2ff.; 7,26ff.; 9,17ff.; 16,9ff.). Jesus sagt dazu: „Wenn ich aber die bösen Geister durch den Geist Gottes austreibe, so ist ja das Reich Gottes zu euch gekommen." (Mt 12,28)[1] Nach neutestamentlichem Verständnis sind Dämonen feindliche Mächte, überpersönliche Kräfte des Bösen, die zerrütten und zerstören, Menschen binden, ganz und gar gefangen nehmen. Wer besessen ist, der ist von

---

[1] Die Parallelstelle in Lukas 11,20 heißt: „Wenn ich aber durch Gottes Finger die bösen Geister austreibe, so ist ja das Reich Gottes zu euch gekommen." Der Finger Gottes ist Hinweis auf Gottes Allmacht (2 Mo 8,15). In allem, was Jesus tut, wird trinitarisches Handeln offenbar.

JESUS: GOTTES GEIST-VOLLSTER ZEUGE

fremden Mächten besetzt und wird von ihnen bestimmt. In den Tagen Jesu wurden Besessene aus der Gesellschaft ausgestoßen. Für sie gab es weder Hilfe noch Heilung. Jesus erweist sich den Mächten der Finsternis gegenüber als der Stärkere. Sie müssen weichen, wenn er ihnen in der Kraft des Heiligen Geistes gebietet. Menschen werden durch die Kraft des Geistes befreit. Sie werden wieder in den Kreislauf zwischenmenschlicher Beziehungen eingegliedert (Mk 5,19). Zerstörtes, entstelltes menschliches Leben erfährt eine Neuschöpfung.[1]

Petrus faßt alle Zeichen und Wunder Jesu mit den Worten zusammen: „Gott hat diesen Jesus von Nazareth gesalbt mit heiligem Geist und Kraft ... der hat Gutes getan und alle gesund gemacht, die in der Gewalt des Teufels waren, denn Gott war mit ihm." (Apg 10,38)

Alle bisher genannten Taten Jesu, gewirkt in der Kraft des Geistes, haben irdisch-geschöpfliches Leben erneuert, körperliche Gebrechen geheilt, gebundene Menschen befreit, zerstörtes Leben wiederhergestellt, Tote auferweckt. Die geheilten und befreiten Menschen bleiben aber irdische Wesen, die wieder krank werden können und sterben müssen. Jesu Handeln in der Kraft des Geistes hat aber ein weit höheres Ziel. All seine Worte und Werke finden ihre Krönung in der Vergebung der Sünden.

Wenn Jesus einem Menschen zusagt „Dir sind deine Sünden vergeben", erreicht sein Handeln in der Kraft des Geistes den Höhepunkt. Vergebung heißt: Jesus setzt im Leben eines Menschen einen ganz neuen, nicht irdisch-geschöpflichen und damit unvergleichlichen Anfang. Alles Alte, Getane und Gelebte ist für immer vergangen. Vergebung verändert einen Menschen von innen. Sie bewirkt in der Kraft des Geistes Gottes eine Neuschöpfung. Im Zuspruch der Vergebung schafft der Heilige Geist eine dauerhafte

---

[1] „In Erfahrungen der Rettung und Wiederherstellung unbehinderter Lebenszusammenhänge wird die Gegenwart des messianischen Geistträgers, das Wirken des Geistes und das Kommen des Reiches Gottes offenbar." Michael Welker, *Gottes Geist – Theologie des Heiligen Geistes*, Neukirchener Verlag, Neukirchen-Vluyn, 1992, S. 191.

AUF DEN SPUREN DES HEILIGEN GEISTES

Gemeinschaft mit Gott, auch über den Tod hinaus. Hier gilt das Wort: „Wenn euch nun der Sohn frei macht, so seid ihr wirklich frei." (Jo 8,36)

Zusammenfassung

Was die Evangelien über das Wirken Jesu in der Kraft des Geistes berichten, ob in seiner Verkündigung, im Heilen Kranker, dem Austreiben von Dämonen oder in seiner Vollmacht, Sünden zu vergeben, das alles will nicht zuerst etwas über den Geist aussagen, sondern über Jesus. Der Geist tritt nicht als eine übernatürliche Macht auf, die Jesus in den Hintergrund drängt oder gar ausschaltet. Im Gegenteil: Der Geist verherrlicht Jesus. Der Geist will durch Jesu Verkündigung und seine Taten das Kommen des Reiches Gottes sichtbar machen. Alles, was die Propheten durch den Geist angekündigt haben, ist in und durch Jesus Wirklichkeit geworden.

Durch das einzigartige Einssein Jesu mit dem Geist ist Gottes befreiende Gegenwart in unserer Welt gegenwärtig. Gottes heilvolle Zeit ist angebrochen. Das ist Aufgabe und Ziel des Heiligen Geistes im Leben des menschgewordenen Sohnes Gottes. Lukas berichtet von einer besonderen Stunde im Leben Jesu, in der er sein gesamtes Wirken als ein Werk im Einssein mit dem Geist und mit seinem Vater in einem Lobpreis zum Ausdruck bringt: „Zu der Stunde freute sich Jesus im heiligen Geist und sprach: Ich preise dich, Vater ..." (Lk 10,21)

Der Geistgesalbte verheißt das Kommen und beschreibt das Wirken des Parakleten

In den synoptischen Evangelien steht der Heilige Geist nicht im Vordergrund. Zwar wird sein Handeln in der Inkarnation und in den Geburtsereignissen genannt, ebenso sein Kommen auf Jesus in der Taufe und sein schöpferisches Wirken in den Worten und Taten Jesu, aber über den Geist selbst und sein Wesen wird nichts gesagt. Der Heilige Geist wird nicht thematisiert. Überblickt man das Han-

JESUS: GOTTES GEIST-VOLLSTER ZEUGE

deln des Geistes in den synoptischen Berichten, kann man sagen, daß es seine spezifische Aufgabe war, zu offenbaren, wer Jesus ist: Jesus ist der Geistgezeugte, der vom Geist Gesalbte, der mit Geist Erfüllte, der vom Geist Geführte, der in der Kraft des Geistes Wirkende. In ihm erfüllen sich die Messiasverheißungen des Alten Testaments. In seiner Person ist Gottes Reich in dieser Welt gegenwärtig. Er ist Gottes Sohn. Immer weist das Wirken des Geistes auf die Einzigartigkeit Jesu hin.

Im Bericht des Johannes ändert sich die Perspektive. In den Abschiedsreden Jesu spielt der Heilige Geist eine wichtige Rolle. Kurz vor dem Ende seines irdischen Wirkens offenbart Jesu, wer der Geist ist. Er verheißt das Kommen des Geistes, spricht von seiner Aufgabe und seinem Wirken, deutet sein personhaftes Sein und trinitarische Beziehungen an. Die Abschiedsreden vermitteln die tiefsten Einsichten über den Heiligen Geist, die wir in der Schrift finden. Paulus kommt in seinen Briefen, ebenso wie Lukas in der Apostelgeschichte, immer wieder auf sie zurück. Beide Autoren erweitern und vertiefen die Geisterkenntnis durch die Geisterfahrungen, die nach der Geistausgießung zu Pfingsten sichtbar geworden sind.

An fünf Stellen kommt Jesus in den Abschiedsreden auf das Geheimnis des Heiligen Geistes zu sprechen. Dabei vermittelt jede Aussage neue Einblicke in das Wesen und Wirken des Geistes, in seine Aufgabe den Jüngern gegenüber, in seinen Dienst an der Welt, in seine Beziehung zum Vater und zum Sohn und in die Voraussetzungen, die erfüllt werden mußten, damit der Geist zu Pfingsten in Fülle ausgegossen werden konnte (Jo 14,16.17; 14,26; 15,26.27; 16,7-11; 16,13-15).

Alle Aussagen Jesu sind Verheißungen, daß der Heilige Geist kommen und in einer Art und Weise handeln wird, die alles bisherige Geistwirken überbietet.

Im Johannesevangelium ist für den Heiligen Geist ein besonderer Begriff reserviert. Viermal nennt ihn Jesus *parakletos* (Jo 14,16.26; 15,26; 16,7). In unserer Sprache gibt es keinen Begriff, der den Bedeutungsumfang dieses Wortes angemessen wiedergeben könnte:

AUF DEN SPUREN DES HEILIGEN GEISTES

Beistand, Helfer, Tröster, Fürsprecher, Anwalt, Berater, Mittler, Ermahner, Ermutiger. All das ist in *parakletos* enthalten. Auffallend ist, daß Jesus in Johannes 14,16 von einem „anderen" Parakleten spricht, der kommen wird. Jesus geht zum Vater. Der andere Beistand wird an seiner Statt kommen.

Wenn der Heilige Geist der „andere" Paraklet ist, dann ist Jesus der erste. Welche Aufgabe wird Jesus beim Vater erfüllen? Der erste Johannesbrief antwortet: „Wir haben einen Fürsprecher (*parakletos*) beim Vater, Jesus Christus, der gerecht ist." (1 Jo 2,1) Der erhöhte Christus ist unser Beistand bei Gott. Der Geist-Paraklet ist unser Beistand auf dieser Erde.

Beide Parakleten haben ihre spezifische Aufgabe: Der erhöhte Paraklet tritt für unsere Schuld vor Gott ein. Der andere Paraklet ist unser Helfer auf dieser Erde. Seine Aufgaben für die Jünger und die Welt sind breit gefächert.

Der Dienst des Parakleten an den Jüngern

Jesus nennt vier verschiedene Aufgaben, die der Heilige Geist an den Jüngern und damit an allen Nachfolgern erfüllen wird:
1. Der Paraklet ist „der Geist der Wahrheit" (Jo 16,13). Er wird die Jünger „in alle Wahrheit leiten". Er wird ihr *Weg-führer*[1] in die ganze Wahrheit sein. Die Wahrheit, in die der Geist führt, ist nicht die Summe einzelner Wahrheiten, sondern eine Person. Jesus hat von sich gesagt: „Ich bin die Wahrheit." (Jo 14,6) Dieser Dienst des Geistes wird in Johannes 14,26 so ausgedrückt: „Der Tröster wird euch alles lehren und an alles erinnern, was ich euch gesagt habe." Solange die Jünger mit dem Menschgewordenen zusammen waren, blieb ihnen das Geheimnis der Person Jesu verschlossen. Viele seiner Worte verstanden sie nicht. Der Geist aber wird ihnen das Verständnis für die Person und das Werk Jesu öffnen und dadurch Jesus verherrlichen (Jo 16,14). Ohne Heiligen Geist kann niemand

---

[1] Das von Johannes gebrauchte Verb setzt sich aus zwei Begriffen zusammen, nämlich aus *hodos* = Weg und *ago* = führen. Der Heilige Geist übernimmt damit die Aufgabe eines Wegführers.

JESUS: GOTTES GEIST-VOLLSTER ZEUGE

verstehen, wer Christus ist und was er mit seinem Leben, Sterben und Auferstehen für uns vollbracht hat. So führt der Geist in die ganze Wahrheit und bewahrt vor Irrtum und Täuschung.

2. Der Paraklet erleuchtet aber nicht nur die Jünger, daß sie erkennen, was Christus für sie getan hat und bis heute tut. Er wird auch das mitteilen, „was zukünftig ist" (Jo 16,13). Der Geist übernimmt eine *prophetische* Aufgabe. Er wird die Gemeinde durch die Jahrhunderte bis ans Ende der Zeit führen. Er wird ihr beistehen, ihren Weg durch die Geschichte im Lichte des Kommenden zu gehen. Er verhilft der Gemeinde zu einer eschatologischen Existenz.[1] Der Paraklet wird die Gemeinde immer wieder daran erinnern, daß ihr Herr kommt. Er wird in ihrer Mitte die Sehnsucht nach dem Kommenden wachhalten.

3. Die dritte Aufgabe des Parakleten besteht darin, die Jünger zum Zeugnis zu befähigen (Jo 15,26.27). Niemand kann ohne Heiligen Geist ein wirklicher Zeuge für Jesus sein. Deshalb sagte Jesus nach seiner Auferstehung zu den Jüngern: „Ihr aber sollt in der Stadt bleiben, bis ihr ausgerüstet werdet mit Kraft aus der Höhe." (Lk 24,49) „Ihr werdet die Kraft des heiligen Geistes empfangen, der auf euch kommen wird, und werdet meine Zeugen sein." (Apg 1,8) Der Heilige Geist verwandelte nach seinem Kommen die ängstlichen, um ihr Leben bangenden Jünger in kraftvolle Zeugen, die bereit waren, für ihre Überzeugung zu sterben. Allein der Paraklet bewirkt als Zeuge Jesu in uns die Fähigkeit, lebendige Zeugen zu sein. Der Geist hilft uns, nicht bei der Erkenntnis und Erfahrung stehen zu bleiben, daß Christus für uns gestorben und auferstanden ist und wiederkommen wird. Er will durch uns Jesu Werk in dieser Welt weiterführen.

4. Der Dienst des Parakleten erschöpft sich aber nicht im Lehren, Erinnern, in der Wegführung oder im Zeugnisdienst. Er wird vielmehr eine einzigartige Beziehung zu den Jüngern aufnehmen. Jesus sagt, daß der Heilige Geist in ihnen bleiben wird (Jo 14,17). Er

---

[1] Paulus hat diese Gedanken geistgeleitet weitergeführt in 1. Korinther 7,29-31; Römer 13,11-14; 1. Thessalonicher 5,1ff.

wird sich mit dem Innersten des Menschen verbinden, ohne daß eine Vermischung zwischen Göttlichem und Menschlichem eintritt.[1] Der Paraklet bleibt nicht nur vorübergehend im Menschen, sondern für immer. Was er bewirkt, reicht in die Ewigkeit hinein. Mit der Innewohnung des Geistes kehren der Vater und der Sohn in das Leben eines Menschen ein und wohnen in ihm (Jo 14,23). Der Geist vermittelt die reale Gegenwart Gottes und die reale Anwesenheit des unsichtbaren Christus im Leben seiner Nachfolger. Er bewirkt damit die Wiedergeburt, eine neue Schöpfung, die geistliche Existenz. Das ist die tiefste Aussage über das Wirken des Heiligen Geistes im Leben eines Menschen, der Jesus nachfolgt.

Der Dienst des Parakleten an der Welt

Der Geist wird aber nicht nur für die Jünger da sein. Er hat auch eine Aufgabe an der Welt. Zunächst sagt Jesus, daß „die Welt den Geist nicht empfangen kann" (Jo 14,17). Wie Jesus von der Welt verachtet wurde, so wird es auch dem anderen Parakleten ergehen. Was die Welt nicht mit den natürlichen Sinnen wahrnehmen kann, existiert für sie nicht. Deshalb sieht und kennt sie ihn auch nicht. Paulus sagt dazu: „Der natürliche Mensch aber vernimmt nichts vom Geist Gottes; es ist ihm eine Torheit, und er kann es nicht erkennen ..." (1 Ko 2,14)

Wenn auch die Welt den Geist ablehnt, so hat er doch nach Jesu Worten eine dreifache Aufgabe an ihr zu erfüllen: „Wenn er kommt, wird er der Welt die Augen auftun über die Sünde und über die Gerechtigkeit und über das Gericht." (Jo 16,8) Aufgabe des Geistes ist es, die Welt zu überführen. Das griechische Wort *elegchein* hat zwei Bedeutungen: überführen und überzeugen. Einen Menschen seiner Schuld überführen und ihn von seinem Irrtum überzeugen.

1. Der Geist überführt Menschen der „Sünde: daß sie nicht an mich glauben" (Jo 16,8.9). Der Begriff Sünde steht in der Einzahl,

---

[1] Paulus weist in seinen Briefen mehrmals auf diese enge Verbindung zwischen dem Geist und den Gliedern der Gemeinde hin: „Wisset ihr nicht, daß der Geist Gottes in euch wohnt?" (z. B. 1 Ko 3,17; 6,9).

JESUS: GOTTES GEIST-VOLLSTER ZEUGE

das heißt, daß Sünde hier nicht auf einzelne moralische Verfehlungen beschränkt wird (Lüge, Diebstahl, Ehebruch usw.). Die eigentliche Sünde der Welt besteht darin, daß sie nicht an Jesus als den Retter glaubt. Keiner kommt nur deshalb in Gottes Gericht, weil er gelogen, gestohlen oder getötet hat. Er geht vielmehr verloren, weil er nicht an Jesus als den Träger seiner Schuld geglaubt hat. Wenn ein Mensch verlorengeht, dann deshalb, weil er Gottes rettende Liebe in der Gestalt von Jesus Christus zurückgewiesen hat. Nur der Geist-Paraklet kann Menschen davon überzeugen, daß sie Jesus brauchen, weil sie ohne ihn verloren sind.

2. Das zweite Werk des Geistes an der Welt besteht im Aufdekken der Gerechtigkeit. Jesus definiert diese Gerechtigkeit mit dem Hinweis, „daß ich zum Vater gehe" (Jo 16,10). Damit deutet Jesus seine Auferstehung und Himmelfahrt an. Der einzig stichhaltige Erweis, daß Jesus Gottes Sohn ist, daß seine Worte wahr sind, daß sein Sterben am Kreuz versöhnende Wirkung hat, daß er wirklich war, was er zu sein behauptete, sind Auferstehung und Himmelfahrt – sein Hingehen zum Vater. Die Erhöhung Jesu durch Gott macht deutlich, daß Gottes Gerechtigkeit für alle Menschen da ist. Nachdem der Geist-Paraklet einen Ungläubigen von der Sünde überzeugt hat, überzeugt er ihn von der Gerechtigkeit Jesu Christi, der unsere Ungerechtigkeiten am Kreuz getragen hat und uns seine Gerechtigkeit schenkt. Das ist die Gerechtigkeit, die vor Gott gilt (Rö 3,21.22; 10,3.4).

3. Das dritte Werk des Geist-Parakleten heißt: Er wird der Welt die Augen auftun, „über das Gericht, daß der Fürst dieser Welt gerichtet ist" (Jo 16,11). Der Heilige Geist überzeugt Menschen davon, daß sie nicht tun können, was sie wollen. Jeder wird am Ende vor dem Richter der Welt stehen. Zugleich offenbart der Geist, daß der Fürst dieser Welt bereits gerichtet ist. Der Böse ist besiegt (Jo 13,31; Offb 12). Das ist die Frucht, die aus Jesu Kreuzestod und seiner Auferstehung erwächst. Aller Kampf, den es auf dieser Erde noch gibt, steht im Zeichen des vollbrachten Sieges Jesu. Deshalb kommen die nicht in das Endgericht, die auf der Grundlage dieses Sieges leben. Das ist die Wahrheit, die die Welt nicht kennt, die allein der Geist vermitteln kann.

Darin besteht das dreifache Werk des Geistes in der Welt: Er überführt Menschen ihrer Sünde; er überzeugt sie von der Vollkommenheit Jesu Christi; er vermittelt die Gewißheit, daß jeder Mensch am Ende vor Gott stehen muß, Jesus aber das Gericht für ihn getragen hat.[1]

Der Geistträger offenbart die Personalität des Geistes und die Beziehung des Geistes zum Vater und zum Sohn (trinitarische Strukturen)

Wie bereits ausgeführt[2] ist in den alttestamentlichen Belegstellen ein personhaftes Sein des Geistes kaum erkennbar. Der Geist offenbart sich vor allem als Kraft. Er ergreift bestimmte Menschen, rüstet sie mit Fähigkeiten zu besonderen Taten aus, übermittelt prophetische Botschaften. Er kommt plötzlich, entzieht sich wieder, hinterläßt aber immer Spuren übernatürlicher Kraftwirkungen. Erst Jesus offenbart durch Wort und Leben, daß der Geist Gottes mehr als eine Kraft ist. Wie der Sohn offenbart, wer der Vater ist (Mt 11,27; Jo 14,9), so vermittelt er auch Einblicke in das Wesen des Heiligen Geistes. In der Schrift gibt es nicht nur eine fortschreitende Erkenntnis des göttlichen Heilsplans und des verheißenen Erlösers, sondern auch eine weiterführende Erkenntnis über das Wirken, Wesen und die Person des Heiligen Geistes. Vier Hinweise in Jesu Abschiedsreden deuten das personhafte Sein des Geistes an:

1. Jesus bezeichnet den Heiligen Geist als „einen anderen Parakleten" (Jo 14,16), d. h. Jesus selbst ist der erste, der Geist aber der andere Paraklet. Er führt das Werk Jesu auf dieser Erde fort. Durch

---

[1] Dieses Wirken des Heiligen Geistes ist in jeder Evangelisationsform an Ungläubigen unersetzbar. Allein der Geist kann überzeugen, überführen, zur Buße leiten. Wir müssen darauf achten, daß wir nicht in seine Arbeit eingreifen und unser Gegenüber mit Argumenten zu überreden versuchen. Von allen psychologischen Techniken der Menschenbeeinflussung gehen Gefahren aus. Die Sache des Heiligen Geistes ist es zu überzeugen, unsere besteht darin, die gute Nachricht in persönlicher Abhängigkeit vom Heiligen Geist zu bezeugen.

[2] Siehe Kapitel 2, Seite 23ff.

JESUS: GOTTES GEIST-VOLLSTER ZEUGE

den Dienst des Parakleten läßt Jesus seine Jünger nicht als Waisen zurück (Jo 14,18). Wenn der erste Paraklet eine Persönlichkeit ist, dann kann „der andere" keine unpersönliche Kraft sein. Der Geist übernimmt die Rolle Jesu bei den Jüngern. Deshalb muß er personhaft verstanden werden.

2. Jesus nennt die Tätigkeiten, die der Geist ausführen wird: Er wird „lehren, erinnern, in die ganze Wahrheit führen, Zukünftiges ansagen, überzeugen und überführen". Das alles sind personhafte Manifestationen. Hier tritt der Geist als Subjekt vieler Tätigkeiten auf, was von einer Kraft so nicht gesagt werden könnte.

3. Johannes weist in seinen sprachlichen Formulierungen darauf hin, daß er den Geist als Person verstanden hat. Im neutestamentlichen Griechisch ist das Wort „Geist" sächlich (*to pneuma*). Sprachlich richtig müßte dem sächlichen Wort Geist ein sächliches Fürwort zugeordnet werden. Aber es wird die maskuline Form gebraucht: „Wenn aber jener [männlich], der Geist [sächlich] der Wahrheit kommen wird ... Er [männlich] wird mich verherrlichen." (Jo 16,13.14) Damit bringt Johannes zum Ausdruck, daß er im verheißenen Geist keine unpersönliche Kraft sieht. Der Geist trägt vielmehr personale Züge. Er ist selbst Subjekt.

4. Jesus sagt, daß seine Nachfolger den Geist „kennen" (Jo 14,17). Der biblische Begriff „kennen/erkennen" weist auf ein personales Verhältnis hin, das die Jünger zum Geist und der Geist zu den Jüngern haben wird. Er drückt Beziehungen zwischen Personen aus. Der Heilige Geist ist also nicht eine unpersönliche Kraft im Menschen. Wenn er in das Leben einer Person tritt, kommt es zu einer Begegnung zwischen einem Ich und einem Du. Im Glauben an den Heiligen Geist geht es wie im Glauben an Gott und seinen Sohn um ein persönliches Geschehen, um eine Begegnung von Person zu Person. Wenn der Geist zu einem Menschen kommt, kommen mit ihm auch der Vater und der Sohn (Jo 14,23).

Aufgrund der Worte Jesu müssen wir zusammenfassend festhalten, daß der Heilige Geist personhaft verstanden werden muß. Er ist ein göttliches Ich, das sich in Kraft äußert und zwar einer Kraft, die in der göttlichen Person des Geistes ihren Ursprung hat. Wer

AUF DEN SPUREN DES HEILIGEN GEISTES

nach dem Wesen und der Person des Heiligen Geistes fragt, stößt dabei aber an die Grenzen der Aussagefähigkeit unserer Sprache wie auch unserer Vorstellungskraft und unseres Denkens überhaupt. Bei allem, was die Schrift über den Geist offenbart, bleibt der Heilige Geist selbst für uns ein Geheimnis.
„Das Wesen des Heiligen Geistes ist ein Geheimnis. Menschen können es nicht erklären, weil Gott es ihnen nicht offenbart hat ... Es ist für uns nicht wichtig, genau erklären zu können, was der Heilige Geist ist."[1]

In seinen Abschiedsreden offenbart Jesus nicht nur das personale Sein des Heiligen Geistes. Wir finden auch Spuren, die trinitarisches Handeln erkennen lassen und sozusagen die Trinität voraussetzen. Jesus gibt deutliche Hinweise auf die Frage, in welchem Verhältnis der Vater und der Sohn zur Sendung des Parakleten stehen:

1. Der Vater sendet den Geist: „aber der Tröster, der heilige Geist, den mein Vater senden wird ..." (Jo 14,26) Der Geist der Wahrheit „geht vom Vater aus" (Jo 15,26). Der Vater ist also der Ursprung des Heiligen Geistes und seiner Sendung in die Welt.

2. In Johannes 15,26 sagt Jesus: „Wenn aber der Tröster kommen wird, den ich euch senden werde ..." Hier ist der Sohn das handelnde Subjekt, d. h. derjenige, der den Geist sendet. Die Willenseinheit zwischen Vater und Sohn ist so intensiv, daß Jesus hinzufügt: „... den ich euch senden werde vom Vater." (Jo 15,26) Und vom Vater sagt Jesus, daß er den Parakleten senden wird „in meinem Namen" und auf seine Bitte hin (Jo 14,16). Der Geist wird vom Vater und vom Sohn gesandt. Damit vereint der Geist in sich sowohl die Schöpferkraft des Vaters als auch die Erlöserkraft des Sohnes.

3. Der Paraklet wird den Sohn verherrlichen (Jo 16,14). Er stellt sich nicht selbst dar (Jo 16,13). Er übermittelt den Menschen das, was er vom Vater hört und gibt das weiter, was er vom Sohn empfängt (Jo 16,14). Deshalb wird der Paraklet im Neuen Testament

---

[1] White, Ellen G., *Das Wirken der Apostel*, Advent-Verlag, Hamburg, 1981, S. 53.

JESUS: GOTTES GEIST-VOLLSTER ZEUGE

sowohl *Geist Gottes* (Rö 8,9.11.14) als auch *Geist Jesu Christi* oder *Geist seines Sohnes* genannt (Phil 1,19; Gal 4,6). In den Worten Jesu kommen deutlich trinitarische Strukturen zum Ausdruck. Im Handeln des Geistes wirken Vater und Sohn in Gemeinschaft miteinander. Durch den Geist nehmen Vater und Sohn Wohnung im Menschen (Jo 14,23). Immer handeln Vater, Sohn und Geist zusammen. Wenn auch das Neue Testament keine systematische Trinitätslehre kennt, so ist in den Schriften der ersten Christen an vielen Stellen trinitarischer Gottesglaube zu finden, der auf die Offenbarungsworte Jesu zurückgeführt werden muß.

Zusammenfassung

Der Weg durch die Evangelien hat gezeigt, daß sich das Wirken des Geistes ganz auf die Person Jesu konzentriert und auf das, was im Umkreis seiner Person geschehen ist. Abgesehen von einigen Personen im Umfeld der Geburt Jesu und von Johannes dem Täufer, der als Wegbereiter zu Jesus gehört, wird nirgends berichtet, daß Menschen vom Geist erfaßt oder erfüllt worden sind und in seiner Kraft gehandelt haben. Im Vordergrund stehen das Wirken des Geistes im Leben Jesu und die Beziehung zwischen der Person Jesu und dem Heiligen Geist.

Die Evangelien weisen Jesus als den im Alten Testament verheißenen Geistträger aus. In ihm erfüllen sich alle Geistverheißungen (z. B. Lk 4,16ff.; Mt 12,7ff.). Jesus ist der Messias. Er ist vom Geist gezeugt, in der Taufe durch den Geist gesalbt und mit Geist für seinen Messiasdienst erfüllt. Seine Worte sind geistdurchdrungen, seine Taten geistgewirkt. Aufgabe und Ziel des Geistes war es, zu offenbaren, wer Jesus ist.

Am Ende seines irdischen Wirkens aber offenbart Jesus, wer der Geist ist. Er verheißt sein Kommen, spricht von seiner Aufgabe an den Jüngern und der Welt, weist hin auf das Wesen des Geistes und auf die enge Beziehung, die zwischen Vater, Sohn und Geist besteht. Alles aber, was Jesus über den Geist-Parakleten sagt, zielt auf das Wirken des Heiligen Geistes für die Menschen. Er wird für immer bei den Jüngern und in ihnen sein, sie nie allein lassen. Er wird sie lehren und an Jesu Worte erinnern, ihr Wegbegleiter in der Gegenwart sein und sie in die Zukunft führen. Die Gemeinschaft, die der erste Paraklet während seines Erdenlebens mit seinen Jüngern hatte, wird der andere Paraklet in ihnen weiterführen und ergänzen.

Das besondere Werk des Geistes an der Menschheit war noch Zukunft, als Jesus diese Worte sprach. Solange er bei seinen Jüngern war, konnte der Geist nicht in Fülle ausgegossen werden. Johannes formuliert: „... denn der Geist war noch nicht da; denn Jesus war noch nicht verherrlicht." (Jo 7,39) Erst wenn Jesus sein Werk auf dieser Erde vollendet haben und zu seinem Vater zurückgekehrt sein wird, kann der Geist kommen. Dann wird er, um mit Joel zu sprechen, „auf alles Fleisch ausgegossen werden" (Joel 3,1). Auf diesen heilsgeschichtlichen Zusammenhang weist Jesus mit den Worten hin: „Denn wenn ich nicht weggehe, kommt der Tröster nicht zu euch." (Jo 16,7)

Kapitel 4

Die Bedeutung der Ausgießung des Heiligen Geistes

Vorgeschichte und Voraussetzungen für die Sendung des Geistes

Lukas leitet die Sendung des Heiligen Geistes zu Pfingsten mit dem Satz ein: „Und als der Tag des Pfingstfestes erfüllt war ..." (Apg 2,1 EB) Das Wort „erfüllen" oder die „Fülle" wird im Neuen Testament unter anderem gebraucht, um den Beginn eines neuen Abschnittes in der Heilsgeschichte anzuzeigen. Ein neues Handeln Gottes setzt ein.

Die erste Predigt Jesu unmittelbar nach seiner Taufe lautet: „Erfüllt ist die Zeit, und das Reich Gottes ist herbeigekommen." (Mk 1,15) Paulus spricht von der „Fülle" oder „Erfüllung der Zeit", als Gott seinen Sohn in die Welt sandte: „Als aber die Zeit erfüllt ward, sandte Gott seinen Sohn ..." (Gal 4,4)

In diese Fülle der Zeit gehören nicht nur die Geburt, das Leben und Sterben, die Auferstehung und Himmelfahrt des Sohnes Gottes, sondern auch das Kommen des Heiligen Geistes zu Pfingsten. Wie Glieder einer Kette greifen die Ereignisse ineinander. Eins ist vom anderen abhängig. Lukas sieht in der Geistsendung das letzte Glied in der „Fülle der Zeit", nämlich das Ziel des Werkes Jesu. Apostelgeschichte 2,1 lautet in wörtlicher Wiedergabe: „Als aber der Tag von Pfingsten *ganz erfüllt* war ..." Am Pfingsttag ist die Zeit

AUF DEN SPUREN DES HEILIGEN GEISTES

„ganz gefüllt" (*symplerousthai*).[1] Ist ein Gefäß randvoll gefüllt, läuft es über. Mit Pfingsten beginnt ein neuer überfließender Abschnitt im Heilshandeln Gottes. Die erste Epoche der Sendung Jesu ist abgeschlossen. Mit Pfingsten fängt die Zeit des Heiligen Geistes an, in der Jesus durch den Geist in anderer Weise als bisher wirkt und die kraftvolle Gegenwart Gottes zu den Menschen bringt.

Was erfüllte sich zu Pfingsten?

1. Das griechische Wort für Pfingsten, *pentekoste*, bedeutet der Fünfzigste. Fünfzig Tage nach dem Passafest feierte Israel das zweite seiner drei großen jährlichen Feste (3 Mo 23,15-22). Es wurde auch „Wochenfest" genannt, weil zwischen Passa und Pfingsten sieben Wochen lagen, und trug Erntefestcharakter. Zwei Brote aus Weizen wurden als Dankopfer für den Erntesegen im Tempel dargebracht. Die Israeliten feierten diesen Tag fröhlich. Für jeden Gläubigen war es religiöse Pflicht, an der Feier in Jerusalem teilzunehmen (2 Mo 34,24; 5 Mo 16,16). Mit der Ausgießung des Heiligen Geistes erfüllte sich der prophetische Sinn des jüdischen Erntefestes; denn eine neue Ernte setzte ein, die erste Ernte von geretteten Menschen nach Jesu vollendeter Arbeit (Jes 53,11).

2. Zu Pfingsten erfüllten sich die alttestamentlichen Prophezeiungen, die ein quantitativ und qualitativ verändertes Wirken des Geistes vorhersagen (Hes 36,26.27; 39,29; Jes 32,14; 44,3; Sach 12,10).[2] Petrus weist in seiner Pfingstpredigt auf den Zusammenhang zwischen Verheißung und Erfüllung hin: „Das ist's, was durch den Propheten Joel gesagt worden ist (Joel 3,1-5)." (Apg 2,16)

3. Zu Pfingsten beginnen sich die Verheißungen zu erfüllen, die Jesus seinen Jüngern in den Abschiedsreden hinterließ. Fünfmal hatte er das Kommen des Parakleten angekündigt. Als Auferstan-

---

[1] „Erst in dem Augenblick, da das Gefäß ganz bis zum Rande hin vollgegossen ist, tritt das Ereignis, das am Ende der zur Erfüllung hin geöffneten Zeit liegt, ein." Eduard Lohse, *Lukas als Theologe der Heilsgeschichte*, in: Die Einheit des Neuen Testaments, Göttingen 1973, S. 150f.

[2] Siehe S. 36-38.

DIE AUSGIESSUNG DES HEILIGEN GEISTES

dener bestätigte Christus seine Zusagen: „Ihr sollt mit dem heiligen Geist getauft werden nicht lange nach diesen Tagen." (Apg 1,5) „Ihr werdet die Kraft des heiligen Geists empfangen, der auf euch kommen wird ..." (Apg 1,8) Jesus faßt alle Verheißungen in der Formulierung „die Verheißung des Vaters" zusammen (Apg 1,4). Im Kommen des Geistes erfüllt sich die Verheißung des Vaters.

In der Bibel gibt es zwei Arten von Prophezeiungen: konditionale und nichtkonditionale. Konditionale Weissagungen sind in ihrer Erfüllung vom Verhalten der Menschen abhängig. Markantes Beispiel ist die Gerichtsankündigung über Ninive. Jona prophezeite, daß die Stadt in vierzig Tagen untergehen werde. Als die Bewohner „von ihren bösen Wegen" (Jon 3,10) umkehrten, trat das vorhergesagte Gericht nicht ein. Auch Segensverheißungen werden nicht realisiert, wenn sich Menschen von Gott abwenden. Ob sich eine solche Prophezeiung erfüllt oder nicht, ist jeweils davon abhängig, inwieweit Menschen die Bedingungen erfüllen, die Gott festgelegt hat.

Neben den konditionalen Prophezeiungen gibt es nichtkonditionale Vorhersagen. Alle Messiasverheißungen zum Beispiel sind in ihrer Erfüllung nicht an das Verhalten von Menschen gebunden, ebenso die apokalyptischen Prophezeiungen Daniels und der Offenbarung des Johannes. Gott führt seinen angekündigten Plan durch, unabhängig davon, was Menschen tun. Sowohl alle messianischen Weissagungen als auch die Geistverheißungen des Alten und Neuen Testaments gehören zu dieser Gruppe. Nirgends spricht Jesus in den Abschiedsreden davon, daß Menschen bestimmten Bedingungen nachkommen müssen, damit der Geist ausgegossen werden kann. Und doch ist bei näherem Hinsehen auch das Kommen des Heiligen Geistes von konkreten Voraussetzungen abhängig. Es handelt sich aber nicht um solche, die Menschen zu erbringen haben, sondern derjenige, der die Verheißung gegeben hat.

Voraussetzungen für das Kommen des Heiligen Geistes

Welche Voraussetzungen mußte Christus erfüllen, damit der Heilige Geist ausgegossen werden konnte? Das Johannesevangelium nennt zwei, die in direkter Beziehung zueinander stehen.

AUF DEN SPUREN DES HEILIGEN GEISTES

Einmal sagt Jesus in den Abschiedsreden: „Es ist gut für euch, daß ich weggehe. Denn wenn ich nicht weggehe, kommt der Tröster nicht zu euch." (Jo 16,7) Zum anderen heißt es in Johannes 7,39: „Denn der Geist war noch nicht da; denn Jesus war noch nicht verherrlicht." Ohne Weggang zum Vater und ohne die Verherrlichung des Sohnes konnte es offensichtlich kein Kommen des Geist-Parakleten geben. Was bedeutet aber das „Weggehen" und die „Verherrlichung Jesu"? Inwiefern kann der Tröster ohne Weggang zum Vater und ohne die Verherrlichung des Sohnes nicht kommen?

Im Johannesevangelium taucht in den Reden Jesu ein Thema in immer neuen Variationen auf: Jesus ist vom Vater gesandt, in die Welt gekommen und kehrt wieder zum Vater zurück. Am deutlichsten spricht Jesus diesen Gedanken in Johannes 16,28 aus: „Ich bin vom Vater ausgegangen und in die Welt gekommen; ich verlasse die Welt wieder und gehe zum Vater." (vgl. Jo 13,3) Auf diesem Weg vom Vater zum Vater hatte Jesus einen konkreten Auftrag zu erfüllen. Der Weg führte in die Tiefe des Leidens und Sterbens am Kreuz. „Siehe, das ist Gottes Lamm, das der Welt Sünde (hinweg) trägt." (Jo 1,29) Mit der Hingabe seines Lebens, der Wegnahme der Sünde und dem Sieg über Satan schafft Jesus die Voraussetzungen, daß der Geist allen gegeben werden kann, für die Christus gestorben ist. Am Kreuz hat Christus das Problem Sünde gelöst, Versöhnung erwirkt und damit die Hindernisse beseitigt, die es dem Geist Gottes unmöglich gemacht hatten, uneingeschränkt zu wirken. Deshalb sagte Jesus zu seinen Jüngern: „Es ist gut für euch, daß ich weggehe."

„Die seltsame Formulierung ‚Der Geist war noch nicht da' ... meint sowohl einen Zeitpunkt als auch die Art und Weise, wie der Geist wirkt. Der Geist ist ‚jetzt noch nicht da', weil er zuvor den Ertrag des Kreuzes und der Auferstehung Jesu gleichsam einsammeln muß, um ihn dann auszuteilen. Er ist also heilsgeschichtlich noch nicht da – seinsmäßig dagegen schon".[1]

---

[1] Schneider, Dieter, *Anwalt in bedrängter Zeit*, Aussaat Verlag, Neukirchen-Vluyn, 1994, S. 51.

DIE AUSGIESSUNG DES HEILIGEN GEISTES

Die zweifache Erhöhung des Sohnes Gottes
Auch der andere Hinweis Jesu zielt in diese Richtung: Jesus mußte verherrlicht werden, bevor der Geist kommen konnte.
Was versteht das Neue Testament unter der Verherrlichung Jesu? Die Verherrlichung des Sohnes geschieht in der Erhöhung zum Vater. Zwei Erhöhungen Jesu werden im Neuen Testament erwähnt, eine, die auf dieser Erde stattfindet, die andere im Himmel. Geheimnisvoll ist die Bemerkung Jesu im Nachtgespräch mit Nikodemus: „Und wie Mose in der Wüste die Schlange erhöht hat, so muß der Menschensohn erhöht werden." (Jo 3,14) Deutlicher sind seine Worte in Johannes 12,32: „Und ich, wenn ich erhöht werde von der Erde, so will ich alle zu mir ziehen." Erklärend fügt Johannes hinzu: „Das sagte er aber, um anzuzeigen, welches Todes er sterben würde." (Jo 12,33)

Was in den Augen der Welt tiefste Erniedrigung war, Geißelung und Dornenkrone, Kreuztragen und Hinrichtung, verlacht und verspottet, geschändet und in den Schmutz getreten, das alles bezeichnet Jesus als seine „Erhöhung". Am Kreuz hat Jesus seinen eigentlichen Auftrag erfüllt, den Sieg über die Macht der Sünde errungen. Deshalb nennt er den Weg in die Tiefe seine „Erhöhung".

Auf diese erniedrigende Erhöhung des Sohnes Gottes folgte die andere Erhöhung. Petrus spricht von ihr in der Pfingstpredigt: „Diesen Jesus hat Gott auferweckt; dessen sind wir alle Zeugen. Da er nun durch die rechte Hand Gottes erhöht ist und empfangen hat den verheißenen heiligen Geist vom Vater, hat er diesen ausgegossen, wie ihr hier seht und hört." (Apg 2,32.33) Diese Erhöhung gibt Paulus mit den Worten wieder: „Er erniedrigte sich selbst und ward gehorsam bis zum Tode, ja zum Tode am Kreuz. Darum hat ihn Gott erhöht [wörtlich: übererhöht] und hat ihm den Namen gegeben, der über alle Namen ist." (Phil 2,8.9)

Als Gott seinen Sohn nach dessen Auferstehung und Himmelfahrt zu seiner Rechten einsetzte und ihm den höchsten Titel verlieh, als der erhöhte Christus seinen Dienst als Hoherpriester im himmlischen Heiligtum aufnahm, da waren die Voraussetzungen erfüllt, daß der Heilige Geist ausgegossen werden konnte. Der erhöhte Sohn empfing den Geist vom Vater und gab ihn an seine Jünger weiter.

„Mit der Ausgießung des Heiligen Geistes zu Pfingsten bestätigte der Himmel, daß die Einsetzung des Erlösers geschehen war. Seiner Zusage gemäß hatte der erhöhte Herr den Heiligen Geist gesandt zum Zeichen, daß er nun als Priester und König alle Gewalt im Himmel und auf Erden übernommen hat und der Gesalbte über sein Volk ist."[1]

Die Sendung des Geistes: ein Werk der Trinität

Die Ausgießung des Heiligen Geistes ist ausschließlich im Handeln der göttlichen Dreieinigkeit begründet. Menschen hatten keinen Einfluß auf dieses Geschehen. Die Jünger konnten durch ihr Handeln das Kommen des Geistes weder beschleunigen noch verhindern. Jesus fordert sie nur dazu auf, die Verheißung des Vaters zu erwarten (Apg 1,4) und vorher nichts in eigener Initiative zu unternehmen. Dieses Warten auf den Geist war ein aktives, gefülltes Warten. Die Jünger waren einmütig beieinander, vereint im Gebet.

Wir lesen in der Schrift auch nichts darüber, daß Jesus seine Jünger aufgefordert hätte, um das heilsgeschichtliche Ereignis der Ausgießung des Geistes zu beten. Das hat er sich vorbehalten. „Ich will (zukünftig) den Vater bitten, und er wird euch einen andern Tröster geben." (Jo 14,16) Nachdem der Sohn selbst alle Voraussetzungen erfüllt hat, bittet der zur Rechten Gottes Erhöhte den Vater um die Sendung des Geistes. Die Ausgießung des Heiligen Geistes ist Gottes Antwort auf Jesu Gebet.

Wenn wir die Vorgeschichte und die Voraussetzungen für das Kommen des Geist-Parakleten überblicken, wird eine einzigartige Wechselbeziehung zwischen dem Geist und dem Sohn deutlich. Die Geschichte Christi und die des Heiligen Geistes sind eng miteinander verknüpft. Während seines irdischen Dienstes war Jesus ganz vom Heiligen Geist abhängig: geistgezeugt, geistgesalbt, geisterfüllt, geistgeführt. Sein gesamtes Wirken geschah in der Kraft des Geistes.

---

[1] White, Ellen G., *Das Wirken der Apostel*, Advent-Verlag, Hamburg, 1981, S. 40.

DIE AUSGIESSUNG DES HEILIGEN GEISTES

Der Geist handelte an Christus und Christus durch ihn. Das ist die Geistgeschichte des Christus.

Nachdem er seine Aufgabe vollendet hat, kehrt sich das Verhältnis um. Der Geist ist ganz auf Jesus angewiesen. Christus schafft die Voraussetzungen, daß der Geist kommen und wirken kann. Der Auferstandene bittet um die Sendung des Geistes und sendet ihn. Wie Jesus in seiner Sendung und Auferweckung ganz vom Wirken des Heiligen Geistes abhängig war, so ist der Heilige Geist in seiner Sendung und Ausgießung ganz vom Werk Christi abhängig. „Aus dem im Geist gesandten Christus wird Christus der Sender des Geistes."[1] Und wie der Geist der Mittler war, daß Gottes Sohn geistgezeugt Mensch werden konnte, so ist der erhöhte Christus der Mittler, daß der Geist in Fülle auf alles Fleisch ausgegossen werden konnte. Das ist die Christusgeschichte des Heiligen Geistes.

Das Ereignis der Geistausgießung zu Pfingsten – vorübergehende Begleiterscheinungen und bleibende Wirkungen

Man spürt es dem Bericht in Apostelgeschichte 1,1ff. an, daß sich Lukas schwertut, das Geschehen in Worte zu fassen. Das Kommen des Heiligen Geistes überschreitet alles menschliche Begreifen. Lukas benutzt Vergleiche und Bilder, die das Unbeschreibliche zu beschreiben, das Unaussprechliche auszudrücken versuchen. Er spricht von einem „Brausen vom Himmel wie ein gewaltiger Sturm" und von „zerteilten Zungen wie von Feuer". Einerseits verhüllen diese Bilder mehr, als daß sie das Geschehen beschreiben. Dadurch bleibt das Geheimnis des Geistes gewahrt und sein Wirken menschlichem Zugriff entzogen. Andererseits drücken die Bilder Kraftwirkungen aus: die Macht des Sturmwinds und die reinigende Kraft des Feuers. Der Heilige Geist bleibt nicht im Verborgenen, in der Innerlichkeit. Seine Wirkungen sind konkret, erkennbar und sichtbar.

---

[1] Moltmann, Jürgen, *Die Quelle des Lebens,* Chr. Kaiser Verlag, Gütersloh, 1997, S. 23.

Mit der Ausgießung des Heiligen Geistes bricht Gottes Welt in die unsere ein. „Es schien, als sei diese Kraft jahrhundertelang zurückgehalten worden und als freute sich der Himmel nun, die Reichtümer der Gnadengaben des Geistes auf die Gemeinde ausschütten zu können".[1] Als Christus in diese Welt kam, konnte er nur an einem bestimmten geographischen Ort gegenwärtig sein. Er stand unter dem Gesetz von Raum und Zeit. Sein Wirken war dadurch begrenzt. Der Heilige Geist aber wurde auf „alles Fleisch", d. h. auf die ganze Menschheit ausgegossen. Er ist zu jeder Zeit überall auf der Erde gegenwärtig. Seit der Geistausgießung zu Pfingsten gibt es keinen Ort in dieser Welt, an dem der Mensch von Jesus Christus getrennt sein könnte. Durch den Geist sind der Vater und der Sohn uns überall und immer nah.

Unmittelbare Geschehnisse

Was ereignete sich, als der Geist Gottes ausgegossen wurde? Der Geist wirkt am Pfingsttag komprimiert und vielfältig.

Die erste Aussage über das Geschehen in Jerusalem lautet: Der Geist „erfüllte das ganze Haus, in dem sie saßen ..." (Apg 2,2) Der Geist wirkt in Räume hinein. Er will nicht nur im Menschen Wohnung machen, sondern auch Lebensräume ausfüllen. Durch den Geist entsteht ein neues Kraftfeld, das alle Lebensbereiche durchdringt, die privaten und die öffentlichen, und sie dabei verändert und erneuert. Aber letztlich empfangen nicht Räume den Geist, sondern Menschen.

Als Zweites heißt es: „Und er setzte sich auf einen jeden von ihnen." (2,3) Nicht Massen empfangen ihn, sondern Individuen. Jeder einzelne empfängt den Geist, der ausgegossen ist. Weil ihn jeder erwartet, der sich im Obergemach aufhält, kann ihn auch jeder empfangen. Die Ausgießung des Geistes ist allein das Werk der Trinität. Das Empfangen des Geistes aber ist Sache des Menschen.

Und ein Drittes: „Sie wurden alle erfüllt von dem heiligen Geist." (2,4) Der Empfang des Geistes ist nicht auf einzelne Perso-

---

[1] White, Ellen G., a. a. O., S. 39.

nen beschränkt, sondern alle Wartenden wurden mit ihm erfüllt. Damit werden die Geisterfahrungen des Alten Testaments überboten. Dort wirkte Gottes Geist an einzelnen oder durch eine begrenzte Anzahl von Personen. Hier aber sind „alle" einbezogen. Petrus definiert in seiner Predigt mit Hinweis auf Joel 3 diese Formulierung. Er nennt „eure Söhne und euere Töchter, eure Jünglinge und eure Alten, meine Knechte und meine Mägde".[1]

Die vierte Folge der Geistausgießung bezieht sich auf das Sprechen. Das Erfülltsein mit dem Geist bewirkt eine neue Art zu sprechen: „... und fingen an zu reden in andern Sprachen [wörtlich: in andern Zungen], wie der Geist ihnen gab auszusprechen." (2,4).

Das Sprachenwunder

Welches Sprach-Phänomen begleitet die Ausgießung des Heiligen Geistes? Die Antwort, die der Text gibt, ist eindeutig:

1. Der griechische Begriff *glossa* hat nach Auskunft der Wörterbücher zwei Bedeutungen: Erstens: Zunge als Organ des menschlichen Redens und Schmeckens. Zweitens: Die Sprache bzw. Mundart, in der ein Mensch spricht. Das kann die Muttersprache oder eine Fremdsprache sein. Lukas definiert deutlich, was er unter „anderen Zungen" versteht. In den Versen 6 und 8 setzt er sie mit „Sprachen" gleich. Er gebraucht dafür *dialektos*, das die Sprache einer Nation oder Region bedeutet: „denn ein jeder hörte sie in seiner eigenen Sprache reden" und „wie hören wir denn ein jeder seine eigene Muttersprache?" Die „andern Zungen" sind hier also lebende Fremdsprachen.

2. Ein weiterer Hinweis bestätigt, daß die geisterfüllten Jünger in klar verständlichen Worten redeten: „... wie der Geist ihnen gab

---

[1] Zwei Prinzipien der Geistvermittlung werden deutlich, die später in der neutestamentlichen Briefliteratur entfaltet werden: „Das eine ist das Prinzip der Individuation (= der Geist kommt auf jeden einzelnen), das andere das Prinzip der Sozialität (= der Geist kommt auf alle gemeinsam). Beide Prinzipien stehen in Korrelation zueinander und schließen sich darum gegenseitig nicht aus." Dieter Schneider, *Der Geist, der Geschichte macht*, Aussaat Verlag, Neukirchen-Vluyn, 1992, S. 36.

auszusprechen." (2,4). Das von Lukas gebrauchte Wort für „aussprechen" heißt in der griechischen Sprache *apophtheggesthai* und bedeutet „laut, klar, begeistert reden". Im 14. Vers wird dieser Begriff auf die Predigt des Petrus angewendet, die er mit großer Wahrscheinlichkeit in Aramäisch hielt, und die die Hörer verstehen konnten (vgl. Apg 26,25). Auch diese Formulierung erlaubt es nicht, das Reden in anderen Zungen als ein „ekstatisches Reden", eine „Geistessprache" oder ein „übernatürliches Esperanto" zu interpretieren.[1]

3. Die Reaktion der Zuhörer zeigt, daß sie auch inhaltlich verstanden, was „in andern Zungen" gesprochen wurde. „Wir hören sie in unsern Sprachen von den großen Taten Gottes reden." (2,11) Die Großtaten Gottes sind sein rettendes Handeln, das in Jesus Christus seinen Höhepunkt erreicht hat. Die Festbesucher „aus allen Völkern unter dem Himmel" (2,5) „verwunderten und entsetzten" sich (2,7). Sie konnten nicht einordnen, wieso ungebildete Galiläer in den Muttersprachen der Zuhörer reden konnten.

Die Hinweise des Lukas zeigen eindeutig, daß die Jünger keine unverständlichen, sinnlosen Laute ausstießen. Ihre Sprache war klar und verständlich. Der Geist gab ihnen die Fähigkeit, in artikulierter und verständlicher Weise Fremdsprachen zu sprechen, die ihnen vorher nicht geläufig waren.

Der Augenblick war gekommen, da den Jüngern das geschenkt wurde, was Jesus verheißen hatte: „Denn nicht ihr seid es, die da reden, sondern eures Vaters Geist ist es, der durch euch redet." (Mt 10,20)

Welche Bedeutung hatte die Sprachengabe für die Jünger und die Hörer?

1. Es ist anzunehmen, daß nicht alle Festbesucher des Aramäischen mächtig waren. Unter ihnen befanden sich außer gebürtigen Juden auch „Judengenossen", d. h. Proselyten (2,11).[2] Ihnen half die Sprachengabe zu verstehen, was die Jünger über die Taten Gottes

---

[1] Hasel, Gerhard F., Die biblische Zungenrede, Advent-Verlag, Lüneburg, 1995, S. 78.
[2] Proselyten sind Heiden, die durch Tauchbad und Beschneidung zum Judentum übergetreten sind.

DIE AUSGIESSUNG DES HEILIGEN GEISTES

verkündeten. Die Diasporajuden sprachen und verstanden zwar aramäisch, aber im Sprechen der Jünger erkannten sie die Sprache wieder, in der sie geboren worden waren. Das „verwunderte, bestürzte, entsetzte" sie (2,6-8).

2. Die Jünger erhielten mit der Sprachengabe die Fähigkeit, das Evangelium wirkungsvoll in alle Gebiete des römischen Weltreichs zu tragen. Durch diese Gabe beseitigte der Heilige Geist bestehende Sprachbarrieren, die der Ausbreitung der Guten Nachricht im Wege standen. Ellen G. White kommentiert diese Wirkung wie folgt:

„Unter den Anwesenden waren alle bekannten Sprachen vertreten. Diese Vielzahl von Sprachen hätte sich bei der Verkündigung des Evangeliums als ein großes Hindernis ausgewirkt. Deshalb glich Gott das Unvermögen der Apostel in wunderbarer Weise aus. Der Heilige Geist vollbrachte für sie, was sie Zeit ihres Lebens nicht erreicht hätten. Nun konnten sie die Wahrheiten des Evangeliums weithin verkündigen; denn sie redeten fehlerfrei in den Sprachen derer, auf die sich ihre Arbeit erstreckte."[1]

3. Die Sprachengabe hat weiter dazu gedient, die Aufmerksamkeit der Festpilger zu wecken. Der Text deutet an, daß durch „dieses Brausen" (2,6) – gemeint ist wohl die Vielzahl der Sprachen und Stimmen – Menschen angezogen wurden. Eine „große Menge" strömte herbei. Dort wo es etwas zu sehen und zu hören gibt, kommen Menschen zusammen. Das ungewöhnliche Geschehen machte sie hörbereit. Wahrscheinlich wäre ohne das Sprachenwunder der Kreis derer, die die anschließende Predigt des Petrus hörten, ziemlich klein gewesen.

4. Durch die Sprachengabe und das lobpreisende Bekennen der großen Taten ist niemand überzeugt oder bekehrt worden. Der Eindruck, den das Geschehen machte, war ziemlich verwirrend. Einige spotteten und hielten die Jünger für betrunken (2,13). Wahrscheinlich war das Phänomen des Sprachenwunders nicht von langer Dauer. Erst die verständliche Predigt des Petrus erweckte die

---

[1] White, Ellen G., a. a. O., S. 41.

Gewissen und führte Menschen zum Glauben.[1] Beim Erleben des Sprachenwunders fragten die Leute lediglich: „Was will das werden?" Was hat das zu bedeuten? (2,12). Nachdem sie die Predigt des Petrus gehört hatten, „ging's ihnen durchs Herz" und sie fragten: „Was sollen wir tun?" (2,37). Die Sprachengabe bereitete die Menschen vor, das Wort zu hören. Die klare Botschaft des Petrus aber führte dazu, daß dreitausend Menschen den Heiligen Geist empfingen und das Heil in Christus ergriffen.

Auswirkungen des Pfingstgeschehens

Welche weitreichenden Folgen deuten sich zeichenhaft in den Ereignissen an, die der Geist zu Pfingsten bewirkt hat?

1. Die Geistausgießung ereignet sich in Jerusalem. Dadurch wird die Kontinuität zur alttestamentlichen Heilsgeschichte gewahrt. Zugleich durchbricht der Geist Gottes die Schranken Israels und schließt die Völkerwelt ein. Erstmals werden die großen Taten Gottes nicht in der Sprache des auserwählten Volkes verkündet, sondern in den Sprachen der Heiden. Die Völkerwelt tritt in den Horizont der Verkündigung. Die Liste der genannten Fremdvölker (V. 9-11) repräsentiert alle Völker. Im Pfingstereignis wird die Weltmission in der Kraft des Geistes in Gang gesetzt. Die großen Taten Gottes sollen allen Völkern bekannt werden.

2. Der ausgegossene Geist beginnt, die babylonische Sprachverwirrung und die damit verbundene Zerrissenheit der Welt aufzuheben. In Babel ist Gott herabgefahren und hat die Sprachen verwirrt, „daß keiner des andern Sprache verstehe" (1 Mo 11,7). Zu Pfingsten fährt Gott wieder im Heiligen Geist hernieder und schafft Verstehen und Einssein zwischen den Menschen verschiedener Sprachen, Kulturen und Rassen. Die einander in dieser Welt nicht

---

[1] Zum Nachdenken: Nur eine klare, an das Wort gebundene Verkündigung in der Vollmacht des Heiligen Geistes rettet Menschen. Predigen in der Kraft des Geistes ist kein Referieren, sondern ein ergriffenes und ergreifendes Werben und Bitten. Die Predigt erhält ihre Kraft aus der Geisterfahrung, ihren Inhalt aber aus der Schrift. Ohne Heiligen Geist bleibt die Predigt nur Weitergabe von Schriftgelehrsamkeit.

verstanden, verstehen sich plötzlich. Das Wunder der Geistausgießung besteht darin, daß die Differenzierung in Völker und Sprachen, in Juden und Heiden, in Männer und Frauen, Junge und Alte zwar nicht aufgehoben wird, daß Menschen aber trotz aller Unterschiedlichkeit miteinander auskommen, aufeinander zugehen und einander annehmen.

3. Mit dem Kommen des Geistes wird die Gemeinde Jesu geschichtliche Realität. Der Geist schafft die Gemeinde. Nicht die vielen einzelnen bilden durch ihr Hinzukommen die Gemeinde. Sie werden vielmehr durch die Taufe in den bestehenden Leib Christi eingegliedert. „An dem Tage wurden *hinzugefügt* etwa dreitausend Menschen." (Apg 2,41) Und: „Der Herr aber *fügte* täglich zur Gemeinde *hinzu*, die gerettet wurden." (2,47) Paulus formuliert: „Denn wir sind durch *einen* Geist alle zu *einem* Leib getauft ..." (1 Ko 12,13). Der Leib Christi als die irdisch-geschichtliche Existenzform des erhöhten Christus ist eine vorgegebene Größe. Der Heilige Geist wirkt nicht irgendwo in dieser Welt. Er hat einen Raum festgelegt, in dem er sein Kraftfeld entfaltet.[1] Der Geist hat einen Leib, in dem er gegenwärtig ist, und durch den er wirkt. Nur in der Gemeinschaft des Geistes im Leib Christi können Christen leben. Deshalb ist lebendiges Christsein ohne Eingliederung in die Gemeinde nicht möglich.

Das heilsgeschichtliche Ereignis der Geistausgießung – ein für allemal oder immer wieder?

Wie bewertet das Neue Testament die Geschehnisse von Apostelgeschichte 2? Ist das Ereignis der Ausgießung des Geistes unwiederholbar oder nur das erste in einer heute noch nicht abgeschlossenen Reihe? Diese Frage ist sowohl theologisch als auch seelsorgerlich bedeutungsvoll. Um sie beantworten zu können, müssen wir uns noch einmal vergegenwärtigen, was zu Pfingsten geschah:

---

[1] Kraus, Hans-Joachim, a. a. O., S. 102.

AUF DEN SPUREN DES HEILIGEN GEISTES

- Im Kommen des Geist-Parakleten erfüllten sich Prophezeiungen des Alten Testaments und Verheißungen des irdischen und auferstandenen Christus.
- Die Ausgießung des Heiligen Geistes geschah zu einem Zeitpunkt (kairos), den Gott festgesetzt hatte.
- Die Voraussetzungen für das Kommen des Geistes waren der Weggang Jesu zum Vater und die Verherrlichung des Sohnes.
- Im Sterben am Kreuz erfüllte Jesus die Bedingungen, ohne die das Kommen des Geistes nicht möglich gewesen wäre.
- Gott, der Vater, erhöhte den Sohn nach dessen Auferstehung und Himmelfahrt und übergab ihm alle Gewalt im Himmel und auf Erden.

Damit ist die Ausgießung des Heiligen Geistes ein von der Trinität gewirktes heilsgeschichtliches Ereignis. Es steht in einer Reihe mit der Inkarnation, dem Versöhnungstod am Kreuz, der Auferstehung, Himmelfahrt und Erhöhung des Sohnes zur Rechten Gottes.

Ohne die Ausgießung des Heiligen Geistes wäre das Werk Jesu unvollendet geblieben. Erst durch Pfingsten ist es möglich, daß das vollbrachte Werk Jesu Früchte tragen kann.

Pfingsten ist also ein Ereignis im Erlösungsplan, das allein durch das trinitarische Handeln Gottes bewirkt wurde. Daraus ergeben sich tiefgreifende Folgerungen.

1. Die Ausgießung des Heiligen Geistes kann nicht mehr rückgängig gemacht werden. Wie all die andern heilsgeschichtlichen Ereignisse – die Inkarnation, der Kreuzestod Jesu, seine Auferstehung, die Himmelfahrt und Erhöhung – von niemandem in ihrer Wirkung aufgehoben werden können, ebenso wenig das Kommen des Parakleten.

2. Die Ausgießung des Heiligen Geistes als heilsgeschichtliches Ereignis kann nicht wiederholt werden; denn mit Pfingsten beginnt ein neuer Abschnitt im Heilsplan Gottes. Mit dem Kommen des Geistes bricht die Endzeit an, „die letzten Tage" (Apg 2,17). Wie das, was Jesus am Kreuz vollbracht hat, „ein für allemal" gilt (Hbr 10,10), so ist der Heilige Geist ein für allemal der Gemeinde als eschatologische Gabe gegeben worden.

DIE AUSGIESSUNG DES HEILIGEN GEISTES

3. Wir leben heilsgeschichtlich nicht vor Pfingsten, auch nicht zwischen Himmelfahrt und Pfingsten, sondern in der Zeit danach. Der Himmel hat die Gabe des Geistes nie zurückgenommen. Die Zusage Jesu steht fest: Der Tröster wird „ewiglich" bei uns bleiben (Jo 14,16). Schon unmittelbar nach der Geistausgießung unterstreicht Petrus diesen Sachverhalt: „Denn euch und euren Kindern gilt diese Verheißung, und allen, die fern sind, so viele der Herr, unser Gott, herzurufen wird." (Apg 2,39)

Wäre Pfingsten mit seinem heilsgeschichtlichen Wendepunkt aufgehoben und damit unwirksam gemacht geworden, gäbe es auf dieser Erde keine Gemeinde Jesu mehr. Niemand könnte das Heil in Christus ergreifen und ihn als seinen Herrn bekennen. Persönliche Gemeinschaft mit Christus, Gewißheit des Heils, Wiedergeburt und Erneuerung, Sieg über die Sünde, Liebe als Frucht des Geistes, all das wären leere Worte ohne Kraft und Leben. Ellen G. White sagt dazu:

„Christus erklärte, daß der göttliche Einfluß des Geistes bis zum Ende bei seinen Nachfolgern sein werde. Diese Verheißung wird aber nicht gebührend geschätzt, und deshalb zeigt sich auch ihre Erfüllung nicht, wie es der Fall sein könnte."[1]

„Die Verheißung des Heiligen Geistes ist nicht auf ein bestimmtes Zeitalter oder ein bestimmtes Volk beschränkt. Christus erklärte, daß seine Nachfolger bis ans ‚Ende' unter dem Einfluß seines Geistes stehen werden. Von jenem Pfingsttage an bis in die Gegenwart wurde der Tröster denen gesandt, die sich dem Herrn und seinem Dienst hingaben."[2]

4. Wenn die Ausgießung des Heiligen Geistes weder wiederholbar ist noch rückgängig gemacht werden kann, dann heißt die Schlußfolgerung: Der Heilige Geist ist immer gegenwärtig. Dieser Freudenton, „der Geist ist da", durchzieht alle Briefe des Neuen Testaments und die Apostelgeschichte. Vielfach wird es bestätigt: der

---

[1] White, Ellen G., *Aus der Schatzkammer der Zeugnisse*, III, Advent-Verlag, Hamburg, 1957, S. 180.
[2] White, Ellen G., *Das Wirken der Apostel*, Advent-Verlag, Hamburg, 1981, S. 50.

AUF DEN SPUREN DES HEILIGEN GEISTES

Geist ist ausgegossen, er wirkt in der Gemeinde und wohnt im einzelnen Gläubigen (Rö 5,5; 1 Ko 3,16; 2 Ko 5,5; Eph 1,13; Tit 3,6).[1]
Auffallend ist, daß keiner der Apostel die Gemeinden auffordert, um das Kommen des Heiligen Geistes zu beten. Paulus formuliert vielmehr: „Wißt ihr nicht ... daß der Geist Gottes in euch wohnt?" (1 Ko 3,16) Wenn der Geist ein für allemal ausgegossen ist, brauchen wir nicht auf sein Kommen zu warten oder um die Ausgießung des Geistes zu beten. Wie orthodoxe Juden bis heute auf die Erfüllung der Messiasverheißungen warten, obwohl sie längst erfüllt sind, so wartet mancher in unseren Gemeinden auf das Kommen des Geistes, obwohl er in Fülle gegenwärtig ist. E. G. White beklagt diesen Zustand mit den Worten:

„Es wird über die Gabe des Geistes nur wenig nachgedacht; die Folgen davon sind, wie nicht anders zu erwarten, geistliche Dürre, geistliche Finsternis, geistlicher Verfall und Tod ... An göttlicher Kraft, die zum Wachstum der Gemeinden notwendig ist und alle andern Segnungen im Gefolge hätte, mangelt es, obgleich sie in unermeßlichem Reichtum angeboten wird."[2]

Beim Lesen der Apostelgeschichte kann dennoch der Eindruck entstehen, als habe sich das Pfingstereignis mehrmals wiederholt: ein Pfingsten für die Juden und Diasporajuden in Jerusalem (Kap. 2), ein Pfingsten für die Samariter (Kap. 8), ein Pfingsten für die Heiden (Kap. 10) und ein Pfingsten für eine besondere Gruppe der Johannesjünger (Kap. 19). Welche Bedeutung haben diese Ereignisse? Welche Gemeinsamkeiten weisen sie auf? Worin unterscheiden sie sich?

Das Wirken des Geistes in Samarien

Apostelgeschichte 8 berichtet, daß sich Philippus einer Verfolgung in Jerusalem entzieht und in Samarien evangelisiert. Damit überschreitet das Evangelium erstmals die Grenzen Israels. Historisch

---

[1] de Boor, Werner, *Was ist es um den Heiligen Geist?*, Evangelische Verlagsanstalt, Berlin, 3. Auflage, 1972, S. 16.17.
[2] White, Ellen G., *Aus der Schatzkammer der Zeugnisse*, III, Advent-Verlag, Hamburg, 1957, S. 180f.

DIE AUSGIESSUNG DES HEILIGEN GEISTES

und religiös trennt Juden und Samariter ein tiefer Graben. Zwei Religionssysteme stehen sich unversöhnlich gegenüber (Jo 4,20). Der Predigt des Philippus glauben Männer und Frauen. Sie lassen sich auf den Namen Jesu taufen (Apg 8,12), ohne daß der Heilige Geist sichtbar wirksam wird. Erst als Petrus und Johannes von Jerusalem kommen und den Getauften die Hände auflegen, „empfingen sie den heiligen Geist" (Apg 8,17). Daß sie in Zungen reden, wird nicht gesagt. Woran der Geistempfang erkennbar ist, bleibt ungenannt.

Warum griff der Heilige Geist auf diese Weise in das Geschehen ein? Die Gemeinde stand an einem entscheidenden Wendepunkt. Aufgrund der Geschichte beider Völker lag die Gefahr nahe, daß sich eine unabhängige christliche Gemeinde in Samarien bildete, getrennt von der in Jerusalem. Möglicherweise wollte der Heilige Geist von vornherein verhindern, daß die tiefgreifende Spaltung zwischen Juden und Samaritern auch in die Gemeinde eindrang. Die Einheit der jungen Gemeinde stand auf dem Spiel. Gott hielt die Gabe des Geistes solange zurück, bis die Apostel als Vertreter der Muttergemeinde den neugetauften Samaritern die Hände aufgelegt hatten. Durch den Geist wurden sie in die eine Gemeinde eingepflanzt, die keine nationalen und rassischen Grenzen kennt. Juden und Samariter sind durch die Gabe des Geistes Glieder eines Leibes, des Leibes Christi. „Die Geistgabe schenkt das Bleiben in Christus, das heißt zugleich das Bleiben in Gottes weltumspannender Gemeinde."[1]

Das Wirken des Geistes in Cäsarea

Wieder stand die Gemeinde vor einer neuen missionarischen Herausforderung. Sie soll den vom Auferstandenen vorgezeichneten Weg gehen: Jerusalem – Samarien – bis ans Ende der Erde. Die Barriere zwischen Juden und Heiden, Beschnittenen und Unbeschnittenen ist genauso groß wie die zwischen Juden und Samari-

---

[1] Schneider, Dieter, *Der Geist, der Geschichte macht*, Aussaat Verlag, Neukirchen-Vluyn, 1992, S. 42.43.

tern. Die Jünger haben kein strategisches Konzept entwickelt, um die Heidenmission in Gang zu setzen. Der Geist selbst ebnet dem Evangelium den Weg zu den Heidenvölkern. Petrus wird durch eine Vision vorbereitet, in das Haus eines Heiden zu gehen. Kornelius läßt, ebenfalls geistgeleitet, Petrus zu sich kommen. Die Predigt im Haus des Kornelius ist „pneumatische Christuspredigt". Petrus betont ausdrücklich die Geistsalbung Jesu (Apg 10,38) und seine geisterfüllten Taten und Worte. Mitten in seinen Ausführungen wird er durch das Eingreifen des Geistes unterbrochen: „Während Petrus noch diese Worte redete, fiel der heilige Geist auf alle, die dem Wort zuhörten." (Apg 10,44) Der Geist Gottes kann das Amen des Petrus nicht abwarten. Die heidnischen Zuhörer beginnen, in anderen Sprachen zu reden. Pfingsten scheint sich zu wiederholen. Die Begleiter des Petrus geraten außer sich. Sie begreifen aufgrund ihres jüdischen Hintergrundes nicht, daß „auch auf die Heiden die Gabe des heiligen Geistes ausgegossen wurde" (Apg 10,45).

Warum empfingen Heiden die Sprachengabe? Im Haus des Kornelius bestand kein äußerer Anlaß, Gott in fremden Sprachen zu preisen. Die Situation hier war völlig anders als am Pfingsttag. Nachdem die Heiden durch die Predigt des Petrus vom rettenden Evangelium in Jesus Christus überzeugt waren, mußten Petrus, seine Begleiter und später die ganze judenchristliche Gemeinde in Jerusalem davon überzeugt werden, daß die trennende Schranke zwischen Beschnittenen und Unbeschnittenen durch Christus aufgehoben ist. Als Petrus nach seiner Rückkehr in Jerusalem zur Rede gestellt und scharf angegriffen wurde, weil er Tischgemeinschaft mit Unbeschnittenen hatte (Apg 11,1-3), erzählte er die geistgewirkte Vorgeschichte und das Geschehen in Cäsarea. Deutlich setzte er das Wirken des Geistes dort zum Pfingstereignis in Jerusalem in Beziehung: „Als ich aber anfing zu reden, fiel der heilige Geist auf sie ebenso wie am Anfang auf uns." (Apg 10,15) „Wenn nun Gott ihnen die gleiche Gabe gegeben hat wie auch uns ... wer war ich, daß ich Gott wehren konnte?" (Apg 11,17)

Zu Pfingsten ebnete die Sprachengabe den Weg dafür, daß viele Juden und Proselyten Jesus als den verheißenen Messias erkennen

DIE AUSGIESSUNG DES HEILIGEN GEISTES

und annehmen konnten. Durch die gleiche Gabe im Haus eines Heiden überzeugte der Heilige Geist die ganze Gemeinde, daß auch Nichtjuden zum Volk Gottes gehören und damit die Trennung zwischen Juden und Heiden endgültig der Vergangenheit angehört. „Als sie das hörten, schwiegen sie still und lobten Gott und sprachen: So hat Gott auch den Heiden die Umkehr gegeben, die zum Leben führt." (Apg 10,18) Letztlich ging es auch hier um die Einheit der Gemeinde. Der Heilige Geist verband durch sein Eingreifen Juden und Griechen zu gleichwertigen Gliedern des Leibes Christi.

In welcher Beziehung steht das Kommen des Geistes in Cäsarea zur Geistausgießung in Jerusalem? Die Geistäußerungen – Sprachengabe und Weissagung – waren an beiden Orten gleich, die Qualität der Ereignisse aber nicht. Petrus erkannte, daß das Geistwirken im Haus des Kornelius an das Urgeschehen in Jerusalem gebunden ist. In Jerusalem fand das Ur-Ereignis statt, aus dem sich das Geschehen in Cäsarea ableitete. Deshalb ist es nicht sachgemäß, von einem „neuen Pfingsten" oder einem „Pfingsten der Heiden" zu sprechen, wohl aber von einem neuen Wirken des Geistes als Folge der Geistausgießung zu Pfingsten. Alles, was fortan in der Geschichte der Gemeinde Jesu an Geistereignissen geschieht, hat ihr Fundament im Pfingstereignis.

Das Wirken des Geistes in Ephesus

In der Apostelgeschichte wird noch ein drittes Geschehen erwähnt, in dem der Geist ähnlich wie zu Pfingsten handelt. Paulus befindet sich in Ephesus. Er steht am Beginn einer über zwei Jahre dauernden Verkündigungsarbeit, die zur Gründung einer Gemeinde in dieser Stadt führt. Er trifft zwölf Männer, die die Taufe des Johannes empfangen haben. Auf seine Frage hin: „Habt ihr den heiligen Geist empfangen, als ihr gläubig wurdet?" (Apg 19,2), antworten sie: „Wir haben noch nie gehört, daß es einen heiligen Geist gibt."

Die Antwort der Männer kann kaum bedeuten, daß sie überhaupt nichts von der Existenz des Geistes Gottes wissen. Johannes selbst und die Propheten des Alten Testaments haben immer wieder auf ihn hingewiesen. Wahrscheinlich sind sie Wartende, die

AUF DEN SPUREN DES HEILIGEN GEISTES

nicht wissen, daß sich die Verheißungen erfüllt haben und der Heilige Geist bereits ausgegossen ist. Sie befinden sich persönlich in ihrer Erkenntnis und Glaubenserfahrung noch in der Situation vor Pfingsten.

Wer aber nichts von der Geistausgießung weiß, dem bleibt auch verborgen, daß es die Gemeinde Jesu gibt, bestehend aus Juden und Nichtjuden. Er hat auch keinen Anteil an der Segensfülle, die der Leib Christi vermittelt. Paulus führt die Johannesjünger in ihrer geistlichen Erkenntnis weiter. Sie lassen sich taufen auf den Namen des Herrn Jesus (Apg 19,5). Durch die Taufe werden sie in die Gemeinde Jesu eingepflanzt. Als sichtbares Zeichen, daß der Geist in ihnen gegenwärtig ist, empfangen sie die Gaben der Sprachen und der prophetischen Rede. Sie erleben die Kraftwirkungen des Heiligen Geistes an sich selbst. Nun sind sie fähig, den Apostel während seiner zweijährigen Missionstätigkeit in Ephesus als aktive Mitarbeiter zu unterstützen. Dieses Ereignis aber wäre, wie in Samarien und Cäsarea, ohne das Pfingstereignis in Jerusalem nicht denkbar gewesen.

Zusammenfassung

Was sich in Samarien, Cäsarea und Ephesus ereignet hat, ist jeweils aus einer besonderen Situation erwachsen. In der Apostelgeschichte geht es um Aufbruch und Umbruch größten Ausmaßes. Jedes dieser Geschehnisse stellt einen neuen, grenzüberschreitenden Schritt in den Anfängen der Gemeinde dar. Der Heilige Geist geht immer auf die besondere Situation ein. Ziel ist dabei, die Gemeinde vor Spaltung und Irrlehre zu bewahren. Weil hinter jedem Ereignis eine einmalige Situation steht, kann und darf daraus keine für alle Zeit verbindliche Handlungsweise des Heiligen Geistes abgeleitet werden.

Der Geist wirkt, wie er will. In Samarien verlief der geistliche Prozeß so: Umkehr – Wassertaufe – Geistempfang (mit Handauflegung). In Cäsarea heißt die Reihenfolge: Umkehr – Geistempfang (ohne Handauflegung) – Wassertaufe. In Ephesus: vertiefte Er-

DIE AUSGIESSUNG DES HEILIGEN GEISTES

kenntnis (Umkehr war in der Johannestaufe erfolgt) – Wassertaufe – Geistempfang (mit Handauflegung). Immer stand am Endes des Weges die Eingliederung von Menschen in die Gemeinde und damit die Wahrung der Einheit der Gemeinde. Was sich an diesen drei Orten ereignet hat, wäre aber ohne die Ausgießung des Heiligen Geistes zu Pfingsten nicht möglich gewesen. Alles Wirken des Geistes bleibt bis zur Wiederkunft Jesu an dieses Urereignis gebunden, das ein für allemal geschehen ist und nicht wiederholt werden kann.

„Frühregen" und „Spätregen"

Für unser adventistisches Geistverständnis könnte aus den bisherigen Erörterungen eine Schwierigkeit erwachsen. Welche Bedeutung hat dann noch der „Spätregen", wenn der Heilige Geist zu Pfingsten ein für allemal ausgegossen worden ist, die Ausgießung des Heiligen Geistes weder rückgängig gemacht noch wiederholt werden kann und Gottes Geist als Paraklet bis zur Wiederkunft in der Gemeinde gegenwärtig ist? Wozu brauchen wir dann noch den Spätregen?

Woher kommen die beiden Begriffe „Frühregen" und „Spätregen"? Der Geist Gottes wird im Alten Testament unter anderem auch mit Regen verglichen. „Denn ich will Wasser gießen auf das Durstige und Ströme auf das Dürre: ich will meinen Geist auf deine Kinder gießen und meinen Segen auf deine Nachkommen." (Jes 44,3) Aufgrund der klimatischen Gegebenheiten in Palästina wird in der prophetischen Bildersprache zwischen „Frühregen" und „Spätregen" unterschieden. Die Regenzeit beginnt normalerweise im Oktober. Der zu dieser Zeit einsetzende Regen weicht den ausgedörrten Boden auf und schafft die Voraussetzungen für Pflügen und Säen (5 Mo 11,14; Jer 5,24; Joel 2,23). Diese Regenperiode wird „Frühregen" genannt. Nach dem Frühregen beginnt die Zeit, in der in guten Jahren die Westwinde mit größeren Unterbrechungen Regenschauer bringen. Am Ende der Regenzeit (März-April), wenn es wärmer wird, fallen die „Spätregen". Sie bewirken üppiges Wach-

AUF DEN SPUREN DES HEILIGEN GEISTES

stum und damit eine gute Ernte. Wenn der Spätregen ausbleibt, fällt die Ernte schlecht aus (5 Mo 11,14; Hi 29,23; Spr 16,15; Jer 3,3; 5,24; Hos 6,3; Joel 2,23; Sach 10,1).

Aufgrund der prophetischen Hinweise glauben wir, daß der Heilige Geist vor der Wiederkunft Jesu verstärkt wirken wird, um die Ernte der Erde zur Vollreife zu bringen (Offb 14,15). Dieses Geistwirken bezeichnen wir in unserer Terminologie als „Spätregen". Wie der Heilige Geist den Siegeslauf des Evangeliums in den ersten Jahrhunderten bewirkt hat, so wird auch durch ihn die weltweite Verkündigung in Gang gesetzt und die letzte Ernte zur Reife gebracht. Aus dem prophetischen Bild des Spätregens dürfen wir aber kein zweites Pfingsten im Sinn eines heilsgeschichtlichen „Kairos" ableiten. Wo das geschieht, ist die Gefahr groß, auf ein zukünftiges Wirken des Geistes zu warten, während der Geist gegenwärtig ist und schon jetzt durch uns wirken will. Der Heilige Geist, der zu Pfingsten ausgegossen wurde und nach Jesu Worten die Gemeinde nie verläßt, wird vor dem Kommen Jesu „unter Wundern, Heilungen und Zeichen" (Ellen G. White) sein Werk vollenden. Darin besteht das Wesen des Geistes, daß er immer wieder durchbrechen kann und im Spätregen durchbrechen wird, weil er ein für allemal in diese Welt ausgegossen ist.

„Unter dem Bild des Früh- und Spätregens, wie er im Orient zur Saat- bzw. Erntezeit fällt, kündigten die hebräischen Propheten der Gemeinde Gottes in außergewöhnlichem Maße die Gabe geistlicher Gnade an. Mit der Ausgießung in den Tagen der Apostel setzte der Frühregen ein, und das Ergebnis war herrlich. Bis zum Ende der Zeit wird der Heilige Geist in der wahren Gemeinde gegenwärtig bleiben. Aber für die Zeit kurz vor dem Abschluß der Ernte der Welt wird eine besondere Verleihung geistlicher Gnade verheißen, wodurch die Gemeinde auf das Kommen des Menschensohnes vorbereitet werden soll. Diese Ausgießung des Geistes wird mit dem Fallen des Spätregens verglichen."[1]

---

[1] White, Ellen G., *Das Wirken der Apostel*, Advent-Verlag, Hamburg, 1981, S. 55.56.

DIE AUSGIESSUNG DES HEILIGEN GEISTES

Der Heilige Geist wurde zu Pfingsten ausgegossen, als Christus seinen hohenpriesterlichen Dienst in dem Heiligtum begann, das „nicht mit Händen gemacht ist, das ist: nicht von dieser Schöpfung ist" (Hbr 9,11). Im letzten Abschnitt seines Versöhnungsdienstes wird sich die Gabe des Heiligen Geistes noch einmal auf dieser Erde in außergewöhnlicher Weise entfalten. Grundlage für dieses letzte große Geistwirken vor dem Kommen Jesu bleibt aber die Ausgießung des Heiligen Geistes zu Pfingsten. Damals war das Kommen des Geistes Zeichen dafür, daß „die letzte Zeit" angebrochen ist. Der Spätregen wird der Gemeinde offenbaren, daß die letzte Zeit an ihr Ende gekommen ist, weil sich der himmlische Hohepriester in der unsichtbaren Welt anschickt, den Versöhnungsdienst zu beenden, um mit seiner Wiederkunft den Schlußakt des Erlösungsplanes einzuleiten.

Kapitel 5

Geistestaufe und Erfülltsein mit Geist im Neuen Testament

In Kapitel 4 lag der Schwerpunkt der Ausführungen auf dem Handeln der göttlichen Dreieinigkeit bei der Ausgießung des Heiligen Geistes. Sowohl die Voraussetzungen als auch das Kommen des Geistes haben ihren Ursprung im Ratschluß der Trinität und in ihrem je unterschiedlichen aber gemeinsamen Tun.

Dieses ausschließlich göttliche Handeln bildet die objektive Seite der Geistausgießung. Gott gießt den Heiligen Geist aber nicht um seinetwillen aus, sein Handeln gilt vielmehr uns Menschen. Jesus hat das in den Abschiedsreden so zum Ausdruck gebracht: „Der Geist bleibt bei euch und wird in euch sein ... Und wir werden zu ihm kommen und Wohnung bei ihm machen." (Jo 14,17.23) Die göttliche Dreieinigkeit, die immer Liebesgemeinschaft ist, sucht Gemeinschaft mit den Menschen. Gottes Handeln in der Geistausgießung will sich in unserem Leben manifestieren.

Was sich Pfingsten ereignet hat, stellt den Menschen in ein neues Kraftfeld, das ihn von innen her erneuert. Es stellt ihn in einen Segensstrom, der auf andere Menschen überfließt (Jo 7,38) und in das ewige Leben einmündet. Gott hat den Geist nicht nur ausgegossen (das ist die objektive Seite), sondern der Mensch „empfängt" den Geist (das ist die subjektive Seite). Diese subjektive Seite wird im Neuen Testament vor allem mit den beiden Begriffen „Getauftwerden im Heiligen Geist" und „Erfülltwerden mit Heiligem Geist" wiedergegeben.

AUF DEN SPUREN DES HEILIGEN GEISTES

Das einmalige Getauftwerden im Heiligen Geist

Was versteht das Neue Testament unter Geistestaufe? Der Begriff kommt als Substantiv in den neutestamentlichen Schriften nicht vor. Die Formulierungen lauten: „taufen im heiligen Geist" (Mk 1,8) oder in der Passivform „getauft werden im heiligen Geist" (Apg 1,5). Im Neuen Testament ist nur an sieben Stellen von „taufen" oder „getauft werden" im heiligen Geist die Rede. Vier dieser Aussagen gehen auf Johannes den Täufer zurück (Mk 1,8; Lk 3,16; Mt 3,11; Jo 1,33). Einmal spricht der auferstandene Christus vom Getauftwerden im Geist (Apg 1,5). Die sechste Äußerung kommt von Petrus, als er sein Verhalten im Haus des Kornelius vor den Gläubigen in Jerusalem rechtfertigt (Apg 11,16). Schließlich schreibt Paulus im 1. Korintherbrief, daß alle Gläubigen im Heiligen Geist getauft und damit in den Leib Christi eingegliedert sind (12,13).

In den synoptischen Berichten betont Johannes der Täufer den qualitativen Unterschied, der zwischen ihm und dem kommenden Geistträger und zwischen der von ihm durchgeführten Wasser- und der angekündigten Geistestaufe besteht. Johannes ruft zu Buße und Umkehr auf, kann aber kein neues Leben vermitteln. Er tauft zur Vergebung der Sünden (Mt 3,3; Mk 1,4), kann aber keine Sünden vergeben. Er bereitet mit seinem Wirken Menschen auf die Gottesherrschaft vor (Mt 3,2), kann sie aber nicht in die Gottesherrschaft führen. Johannes tauft im Wasser, aber er kann nicht im Heiligen Geist taufen. Mit der Wassertaufe ist er nur Vorläufer dessen, der im Geist taufen wird. Seine Taufe ist nur ein Schatten im Vergleich zur Taufe mit Geist und Feuer.

Deshalb weist Johannes immer wieder auf den hin, der größer und stärker ist als er selbst (Lk 3,16). Wozu er nicht in der Lage ist, das wird der bewirken, der mit dem Geist taufen kann. „Ich taufe euch im Wasser; aber er wird euch im heiligen Geist taufen." (Mk 1,8) In den synoptischen Evangelien werden die prophetischen Aussagen auf den, der mit Geist taufen wird, sprachlich in der Zukunftsform (Futur) wiedergegeben. Diese in die Zukunft weisenden Worte des Täufers nimmt der auferstandene Christus auf und sieht

GEISTESTAUFE UND ERFÜLLTSEIN MIT GEIST

ihre Erfüllung im bevorstehenden Pfingstfest: „denn Johannes hat mit Wasser getauft, ihr aber sollt mit [wörtlich: in] dem heiligen Geist getauft werden nicht lange nach diesen Tagen." (Apg 1,5)

Das Johannesevangelium sieht das Getauftwerden im Heiligen Geist aus einer anderen Perspektive. Es gebraucht an dieser Stelle nicht das Futur, sondern das Partizip Präsens: „Der mich sandte zu taufen mit Wasser, der sprach zu mir: Auf wen du siehst den Geist herabfahren und auf ihm bleiben, der ist's, *der mit dem heiligen Geist tauft*" (Jo 1,33). Im Griechischen ist das Partizip Präsens zeitlos. Hier wird nicht auf das einmalige Pfingstgeschehen hingewiesen, sondern auf das ständige Werk Jesu, das mit Pfingsten einsetzt. Eine bleibende Aufgabe des erhöhten Christus besteht darin, Menschen im Heiligen Geist zu taufen.

Im selben Abschnitt wird in Vers 29 ein weiterer Dienst Jesu im Partizip Präsens wiedergegeben: „Siehe, das ist Gottes Lamm, das der Welt Sünde *trägt*." Fassen wir beide Aussagen zusammen (Jo 1,29.33), werden die zwei Seiten des Dienstes Jesu erkennbar: „Er beinhaltet das Wegnehmen von etwas und das Hinzufügen von etwas anderem; das Wegnehmen der Sünde und das Taufen mit dem Heiligen Geist."[1] Beides vermittelt uns Jesus Christus. Wenn ein Mensch Buße tut, nimmt Jesus ihm nicht nur die Sünden ab, sondern er tauft ihn im Heiligen Geist. Die Apostel erinnern in ihren Briefen ständig daran, daß das entscheidende Werk Jesu an uns darin besteht, Sünden wegzunehmen und neues Leben in der Wiedergeburt zu schenken (Tit 3,4-7), also Rechtfertigung und Heiligung.

Dieses zweifache Wirken Jesu erlebten dreitausend Menschen an sich bei der Ausgießung des Heiligen Geistes zu Pfingsten. Nachdem sie die geistgewirkte Predigt des Petrus gehört hatten, ging's ihnen durchs Herz und sie fragten: „Was sollen wir tun?" Darauf Petrus: „Tut Buße, und jeder von euch lasse sich taufen auf den Namen Jesu Christi zur Vergebung eurer Sünden, so werdet ihr empfangen die Gabe des heiligen Geistes." (Apg 2,38) Die Dreitau-

---

[1] Stott, John R. W., *Ich glaube an den Heiligen Geist*, Schriftenmissions-Verlag, Neukirchen-Vluyn, 1986, S. 13.

send waren Menschen, die vor Pfingsten noch nicht christusgläubig gewesen sind. Nachdem der Geist Gottes ihre Augen für Christus geöffnet hatte, und sie an ihn glaubten, empfingen sie beides: Vergebung der Sünden und die Gabe des Heiligen Geistes (Apg 2,33.39).

Die gleiche Erfahrung machten die Menschen im Haus des Kornelius. Petrus begann seine Predigt mit der Taufe des Johannes (Apg 10,37), verkündigte Jesus als den geistgesalbten Messias und „daß alle, die an ihn glauben, Vergebung der Sünden empfangen. Während Petrus diese Worte redete, fiel der Geist auf alle, die dem Wort zuhörten" (Apg 10,43.44). Auch hier gehören Sündenvergebung und Geistestaufe zusammen. Als diesen Gläubigen die Gabe des Heiligen Geistes gegeben wurde, so sagt Petrus später, „dachte ich an das Wort des Herrn, als er sagte: Johannes hat mit Wasser getauft; ihr aber sollt mit dem heiligen Geist getauft werden." (Apg 11,16) Sie hatten die gleiche Gabe empfangen wie die Jünger und die Dreitausend zu Pfingsten. Weil sie im Heiligen Geist getauft worden waren, taufte sie Petrus auch im Wasser.

Im Neuen Testament sind das Empfangen des Heiligen Geistes und das Getauftwerden in ihm nicht zwei zeitlich voneinander getrennte Ereignisse. Auch bildet die Geistestaufe nicht ein zweites Erlebnis, das den Menschen im Unterschied zum Empfang des Geistes in eine höhere Stufe der Erkenntnis und geistlichen Erfahrung führt. Drei verschiedene Formulierungen bezeichnen vielmehr ein und dasselbe Geschehen: Empfangen des Geistes (Apg 2,38), Getauftwerden im Heiligen Geist (Jo 1,33), Wiedergeburt aus Wasser und Geist (Jo 3,5). Wie eine Geburt stets am Beginn eines neuen Lebens steht, so auch die Taufe. Sie signalisiert und symbolisiert immer einen Neuanfang.

In der Taufe „wird ein radikaler Bruch zu dem bisherigen Leben sichtbar und konkret vollzogen. In der Wassertaufe ereignet sich die Übergabe an den Machtbereich Jesu Christi."[1]

---

[1] Schneider, Dieter, *Der Geist, der Geschichte macht*, Aussaat Verlag, Neukirchen-Vluyn, 1992, S. 51.

GEISTESTAUFE UND ERFÜLLTSEIN MIT GEIST

Deshalb steht die Wassertaufe am Beginn des Christseins. Wasser- und Geistestaufe gehören nach der Schrift zusammen. Wenn ein Mensch an Jesus als seinen Retter glaubt und auf seinen Namen getauft wird, empfängt er beides: Vergebung der Sünden und die Gabe des Heiligen Geistes (Gal 3,2.14). Die Wassertaufe ist das äußere Zeichen dieser inneren Erfahrung (Tit 3,5-7). Wie eine Geburt einmalig ist und nicht wiederholt werden kann, so ist auch die Geistestaufe ein einmaliges Erlebnis am Beginn des christlichen Lebens. Deshalb werden die Gläubigen in den neutestamentlichen Briefen nie aufgefordert, um das Getauftwerden im heiligen Geist zu beten. Was man empfangen hat, braucht nicht mehr erbeten zu werden.

Der letzte Hinweis auf die Geistestaufe steht in 1. Korinther 12,13. Paulus schreibt: „Denn in einem Geist sind wir alle zu einem Leib getauft ... und sind alle mit einem Geist getränkt worden." (EB) Paulus kann hier nicht das Pfingstereignis im Auge haben. Weder er noch die Korinther waren in Jerusalem mit dabei. Er aber und die Christen von Korinth haben Anteil an den Segnungen, die von der Geistausgießung ausgehen. Paulus betont, daß alle „im heiligen Geist getauft und mit heiligem Geist getränkt worden sind". Auffallend ist, daß er das Wort alle zweimal gebraucht und das Wort ein dreimal. Das Getauftsein in einem Geist ist der Faktor, der alle Gläubigen miteinander verbindet. Wie das Wasser einen Schwamm durchtränkt, so durchdringt der Geist alle, die in ihn eingetaucht sind.

Weil der Geist uns mit Christus verbindet, deshalb bindet er uns zugleich an die Gemeinde. Die Wiedergeburt, die am Beginn des Christenlebens steht und in der Wassertaufe ihren sichtbaren Ausdruck findet, ist die Taufe im Geist, die jeden Gläubigen in den Leib Christi eingliedert. Wer getauft werden will, ohne sich in die Gemeinde einfügen zu lassen, kann nicht getauft werden. Das Getauftwerden im Heiligen Geist steht auch hier am Anfang des Lebens mit Jesus und ist für alle Gläubigen ein Ereignis der Vergangenheit. Paulus benutzt für beide Verben (taufen, tränken) den Aorist, die Zeitform einer in der Vergangenheit vollzogenen Handlung.

AUF DEN SPUREN DES HEILIGEN GEISTES

Zusammenfassung

Überblicken wir die sieben Schriftstellen, in denen es um das Taufen im Heiligen Geist geht, so ergibt sich folgender sachlicher Gehalt:

1. Die prophetischen Aussagen von Johannes und Jesus über das Taufen und Getauftwerden im Heiligen Geist zielen sowohl auf die Ausgießung des Geistes zu Pfingsten als auch auf die bleibenden Segnungen, die sich daraus für alle Menschen ergeben, die an Jesus glauben.

2. Da Taufe immer einen Neuanfang setzt, bedeutet die Taufe im Heiligen Geist als Pfingstereignis den Beginn eines neuen heilsgeschichtlichen Abschnitts im Handeln Gottes. Der Heilige Geist ist die verheißene Endzeitgabe. Mit ihm beginnen „die letzten Tage".

3. Das Getauftwerden im Heiligen Geist steht als persönliche Erfahrung gläubiger Menschen am Beginn des Glaubensweges. Die Wassertaufe ist das äußere Zeichen, die Geistestaufe die innere Erfahrung der erlebten Wiedergeburt. Sie ist keine „zweite" Erfahrung, die zeitlich nach der Bekehrung erfolgt und besondere geistliche Gaben vermittelt.

4. Wasser- und Geistestaufe gehören zusammen und fügen den Menschen als Glied in den Leib Jesu ein. Damit bekommen alle Gläubigen Anteil an der Fülle Jesu Christi und an den Kräften der zukünftigen Welt (Hbr 6,4.5).

5. Das ganze Leben eines Christen ist dem Neuen Testament zufolge ein Leben im Geist, das aus der Wiedergeburt hervorgeht. Die Geistestaufe vereint uns mit Christus. Die sie empfangen, gehören ihm. „Wenn aber jemand Christi Geist nicht hat, der ist nicht sein." (Rö 8,9)

6. Wie die Ausgießung des Heiligen Geistes als Geistestaufe einmalig ist und nicht wiederholt werden kann, so ist auch das Getauftwerden im Heiligen Geist ein einmaliges Ereignis am Beginn des Christenlebens. Christen sollen aber ihr Leben im Geist führen und sich immer wieder mit Geist füllen lassen.

GEISTESTAUFE UND ERFÜLLTSEIN MIT GEIST

Das wiederkehrende Erfülltwerden mit Heiligem Geist für besondere Aufgaben

Wie der Begriff „Geistestaufe", so kommt auch das Wort „Geistesfülle" im Neuen Testament nicht vor. Das Substantiv „Fülle" (*pleroma*) wird an keiner Stelle in Verbindung mit dem Heiligen Geist gebraucht.[1] Die verbale Form „erfüllt mit Heiligem Geist" (*plerein, pimplemi*) und die adjektivische „angefüllt, voll mit Heiligem Geist" (*pleres*) sind fünfzehnmal im Neuen Testament zu finden, vierzehnmal in den Schriften des Lukas und einmal bei Paulus. Aus dem Befund der Wortarten kann geschlossen werden, daß Erfülltsein mit Heiligem Geist kein statischer Zustand, sondern ein dynamisches Geschehen ist. Erfülltsein umfaßt das, was eine Person ganz ausfüllt, was sie bestimmt und bewegt und zu einer Kraft wird, aus der heraus sie denkt, redet und handelt.

Das Erfülltsein mit Heiligem Geist wird von Lukas und Paulus in zwei Richtungen entfaltet. Lukas legt den Schwerpunkt in der Apostelgeschichte mehr auf das aktuelle Erfülltwerden mit Heiligem Geist, und zwar als Gabe für besondere Aufgaben in bestimmten Situationen, ohne damit ausdrücken zu wollen, daß die genannten Personen vorher nicht voll Geistes waren. Paulus dagegen sieht das Erfülltsein mit Geist unter dem Gesichtspunkt eines normalen Zustands, in dem alle Christen leben sollen. Deshalb formuliert er das Erfülltwerden als Gebot. Wir wenden uns zuerst den Stellen zu, in denen Lukas nach der Geistausgießung ein Erfülltsein mit Heiligem Geist erkennt.

Während der Geistausgießung zu Pfingsten heißt es, „und sie wurden alle erfüllt von dem heiligen Geist" (Apg 2,4). Das Erfülltwerden mit Heiligem Geist ist hier unmittelbar die Folge der Taufe im Geist. Die Geistesfülle befähigt die etwa hundertzwanzig Jünger, Gottes große Taten in anderen Sprachen zu verkündigen, d. h.

---

[1] Das Substantiv *pleroma* wird aber im Zusammenhang mit anderen Begriffen gebraucht: z. B. Fülle der Heiden (Rö 11,25), Fülle Christi (Eph 1,23), Fülle der Zeit (Gal 4,4).

AUF DEN SPUREN DES HEILIGEN GEISTES

öffentlich Jesus zu bekennen. Die geistesmächtige, christozentrische Predigt des Petrus führt schließlich dazu, daß sich dreitausend Menschen taufen lassen.

Kurz nach dem Pfingstereignis befindet sich die junge Christengemeinde in einer Konflikt- bzw. Krisensituation. Petrus wird gefangengenommen und muß sich vor der Obrigkeit verantworten. Sein Bekenntnis vor den Mächtigen in Juda wird so eingeleitet: „Petrus, voll des heiligen Geistes, sprach zu ihnen ..." (Apg 4,8) Wieder bezeugt er Jesus als den verheißenen Messias. Obwohl mit Geist erfüllt, führt seine Verkündigung nicht wie zu Pfingsten dazu, daß sich Menschen für das Evangelium öffnen. Das Gegenteil tritt ein. Der Hohe Rat verschließt sich total. Vollmacht durch Erfülltsein mit Heiligem Geist führt nicht automatisch dazu, daß Menschen bekehrt werden. Es bewirkt aber in dieser Situation, daß Petrus freimütig und unverkürzt die Botschaft sagt, auch wenn daraus Leiden und Verfolgungen entstehen. Die Fülle des Geistes schenkt Ausdauer und Tragkraft, befreit von Menschenfurcht und macht stark im Widerstand.

„Bevollmächtigung durch den Heiligen Geist ist nicht an der durchschlagenden Verkündigung zu erkennen, sondern an dem Beharrungsvermögen, trotz des erfahrenen Widerstandes mit dem Zeugnis fortzufahren."[1]

Nach der Freilassung berichtet Petrus der Gemeinde, was er und Johannes erlebt haben, und daß ihnen vom Hohen Rat Redeverbot erteilt worden ist. Wie reagiert die Gemeinde? Sie diskutiert nicht, wie man der Situation am besten begegnen kann. Ihre Antwort ist das gemeinsame Gebet, ein geistgeleitetes Gebet, das bedeutendste Gemeindegebet, das im Neuen Testament zu finden ist (Apg 4,23-30). Sie bitten nicht, vor Verfolgung bewahrt zu bleiben, sondern loben Gott und bitten um Freimut, in der Verfolgung das Evangelium verkündigen zu können. Menschen, die mit Geist begabt sind, werden in dieser Situation neu mit Geist erfüllt: „und sie wurden alle des Geistes voll ..." (Apg 4,31)

---

[1] Schneider, Dieter, a. a. O., S. 54.

GEISTESTAUFE UND ERFÜLLTSEIN MIT GEIST

„Geisterfüllung und Beten stehen in einem inneren Zusammenhang – wo gemeinsam gebetet wird, kommt der Geist; wo der Geist gekommen ist, betet man gemeinsam."[1]

An der Person des Stephanus wird deutlich, daß das aktuelle Geist-Erfüllt*werden* mit dem grundsätzlichen Geist-Erfüllt*sein* nicht im Widerspruch steht. Von ihm wird gesagt, daß er „voll Glaubens und heiligen Geistes" ist. Der Geist ist in ihm und prägt sein ganzes Leben (Apg 6,3.5). Deshalb wird er in die Aufgabe der täglichen Diakonie gerufen. Der Geist vermittelt ihm des weiteren die Kraft, „Wunder und große Zeichen" zu tun (Apg 6,8). Auch er muß sich vor der Obrigkeit verantworten. „Doch sie vermochten nicht zu widerstehen der Weisheit und dem Geist, in dem er redete." (Apg 6,10) Als Stephanus in seiner geistgeleiteten Rede aufzeigt, daß seine Verkläger „allezeit dem heiligen Geist widerstreben" (Apg 7,51), ist sein Tod besiegelt. In dieser Situation heißt es: „Er aber voll heiligen Geistes sah auf zum Himmel und sah die Herrlichkeit Gottes und Jesus stehen zur Rechten Gottes." (Apg 7,55) Der Geist Gottes schenkt Stephanus angesichts des Todes die Gewißheit der Rechtfertigung und Annahme bei Gott. Der Geist gibt ihm die Kraft der vergebenden Liebe: „Herr, behalte ihnen diese Sünde nicht." (Apg 7,59) An Stephanus zeigt sich, daß das Leben im Geist und das jeweils neue aktuelle Erfülltwerden in engem Zusammenhang stehen. Der Geist kann denjenigen in besonderen Situationen neu füllen, der völlig von ihm abhängig, also voll Geistes ist.

Neben den genannten Beispielen wird Barnabas „ein bewährter Mann, voll heiligen Geistes und Glaubens" genannt (Apg 11,24). Er wurde deshalb von der Gemeinde Jerusalem in die erste heidenchristliche Gemeinde nach Antiochien gesandt, um sie zu stärken und zu ermutigen, „mit festem Herzen an dem Herrn zu bleiben" (Apg 11,23). Auch von Paulus, der bei seiner Bekehrung durch Handauflegung „mit heiligem Geist erfüllt wird" (Apg 9,17), heißt es anläßlich einer besonderen Situation, daß er „voll heiligen Geistes" war (Apg 13,9). Er konnte in diesem Augenblick Geister unter-

---

[1] Schneider, Dieter, a. a. O., S. 55.

scheiden und den Zauberer Elymas entlarven. Auf seiner ersten Missionsreise erleben Paulus und Barnabas, daß die Juden das Evangelium zurückweisen, die Heiden es aber annehmen. Beide werden verfolgt und aus der Stadt vertrieben. Trotz dieser schmerzlichen Erfahrung wird von den Neugetauften gesagt: „Die Jünger aber wurden erfüllt von Freude und heiligem Geist." (Apg 13,52)

Zusammenfassend kann gesagt werden, daß Erfülltsein mit dem Geist in der Apostelgeschichte weder einen neuen Erkenntnis- oder Heilsstand vermittelt noch das Heilswirken Gottes in der Wiedergeburt vollendet. Es ist vielmehr eine Gabe, die zum Lob Gottes und zum Dienst an Menschen führt und einzelne Personen oder Gemeinden für besondere Aufgaben in bestimmten Situationen befähigt. Weil der Geist Gottes ein für allemal ausgegossen ist, kann er Gottes Boten im Falle besonderer Herausforderungen neu füllen. Bemerkenswert ist, daß die aktuelle Neuerfüllung mit dem Geist an keiner der genannten Stellen, abgesehen von Pfingsten, die Sprachengabe als Zeichen des Erfülltseins mit dem Heiligen Geist erwähnen.

Das wiederkehrende Erfülltwerden mit Geist als Gebot für die christliche Existenz

In den neutestamentlichen Briefen gibt es nur einen Abschnitt, der direkt vom Erfülltwerden mit Geist spricht: „Laßt euch vom Geist erfüllen." (Eph 5,18) In der Apostelgeschichte begegnet uns das Erfülltsein mit Geist als Gabe, um in besonderen Situationen kraftvoll handeln zu können. Paulus dagegen formuliert das Erfülltwerden als Gebot, das unabhängig von Lebenssituationen allen Nachfolgern Jesu gilt. Diese kurze aber wichtige Aufforderung enthält vier wesentliche Gesichtspunkte:

1. Das Verb „füllen" (*plerein*) steht im Imperativ. Paulus gibt hier keine Empfehlung oder einen freundlichen Rat. Er macht keinen Vorschlag, den man annehmen oder ablehnen kann. Er gebietet als bevollmächtigter Apostel. Ein Gebot wendet sich immer an den Willen des Menschen. Ob ein Christ mit Geist erfüllt ist oder nicht,

GEISTESTAUFE UND ERFÜLLTSEIN MIT GEIST

hängt weitgehend von ihm selbst ab. Christen stehen unter dem Gebot, nach der Fülle des Geistes zu streben. Darin besteht unsere Verantwortung als Menschen beim Erfülltwerden mit Geist.

2. Das Verb steht in der Mehrzahlform. Das Gebot richtet sich nicht an einzelne Personen in der Gemeinde, die besondere Aufgaben übernommen haben. Erfülltsein mit Geist ist also nicht das Privileg einiger bevorzugter Personen. Die Aufforderung gilt allen, die zur Gemeinde gehören, und zwar immer und überall. Ausnahmen gibt es nicht. Paulus sieht es als normal an, daß sich alle Christen mit Geist füllen lassen.

3. Das Verb steht in der Passiv-Form. Es heißt nicht: „Füllt euch mit Geist!", sondern: „Werdet mit Geist erfüllt!" Kein Mensch kann sich selbst mit Geist füllen. Das ist ausschließlich das Werk des Heiligen Geistes. Darin besteht seine Souveränität. Der Mensch soll aber die Voraussetzungen schaffen, daß der Geist ihn füllen kann. Ohne sein aktives Wollen wird der Geist nicht an ihm handeln.

4. Der Imperativ steht in der griechischen Sprache in der Präsensform. Dieser Imperativ Präsens beschreibt ein Geschehen, daß sich ständig wiederholt, im Unterschied zum Imperativ Aorist, der sich auf eine punktuelle Handlung bezieht. Erfülltwerden mit Geist ist demnach keine einmalige Erfahrung, sondern ein wiederkehrender und fortschreitender Vorgang. Ein Christ ist nicht wie ein Gefäß einmal und für alle Zeiten gefüllt, sondern muß sich ständig „nachfüllen" lassen. Der Satz kann deshalb auch so wiedergegeben werden: „Laßt euch beständig und immer neu mit Geist füllen!"

Die Taufe im Geist steht am Anfang des Weges mit Jesus. Sie ist das einmalige Geschenk, das uns nicht wieder genommen werden kann. Deshalb werden Gläubige nie aufgefordert, sich vom Heiligen Geist taufen zu lassen. Das Erfülltsein mit Heiligem Geist, der uns in der Taufe gegeben wurde, kann verlorengehen, wenn die geschenkte Fülle nicht festgehalten wird. Ist sie verlorengegangen, kann man sie wieder empfangen. Das Erfülltsein muß wiederholt werden, damit der Heilige Geist alle Lebensbereiche ausfüllen kann, und unser geistliches Leben nicht kraftlos dahinwelkt. Geisterfüllung bedeutet nicht, daß wir quantitativ immer mehr von ihm haben, sondern daß der Geist immer mehr von uns hat. Deshalb gebietet Paulus allen Gläubigen, sich ständig vom Geist füllen zu lassen. Das ist für ihn der Normalzustand eines Christen. Eine Taufe – aber viele „Füllungen".

Woran das Erfülltsein mit Geist nicht erkannt werden kann

Laut Paulus zeigt sich das Erfülltsein mit dem Geist nicht im Praktizieren von geistlichen Gaben. Die Gemeinde zu Korinth ist dafür ein warnendes Beispiel. Alle Gläubigen waren bei ihrer Bekehrung im Heiligen Geist getauft worden (1 Ko 12,13). Sie hatten eine Fülle geistlicher Gaben erhalten, die sie im Gemeindeleben einsetzten (1 Ko 1,4-7). Als Paulus seinen Brief an sie schrieb, konnte er sie aber nicht als geistliche Menschen (*pneumatikoi*) ansprechen (1 Ko 3,1). Er nennt sie vielmehr fleischlich und unreif (*sarkinoi* und *sarkikoi*). Sie waren zwar im Geist getauft aber nicht mit Geist erfüllt.

Wer behauptet, er habe die Gabe des Heilens oder die Gabe in Zungen zu sprechen oder die Gabe zu evangelisieren oder irgendein anderes Charisma und das sei der Beweis dafür, daß er voll Heiligen Geistes ist, der betrügt sich selbst. Der entscheidende Nachweis ist die „Frucht des Geistes" (Gal 5,22). Paulus unterscheidet zwischen geistlichen und fleischlichen Christen, zwischen denen, die vom Geist erfüllt sind und denen, die dem Geist keinen Raum in ihrem Leben geben: geistgetauft – aber nicht geisterfüllt.

Für einen Prediger bedeutet das: Ich kann eine fundierte theologische Ausbildung haben, mich in den Grundsprachen der Bibel auskennen und das exegetische Handwerk gekonnt ausüben; ich kann die großen Wahrheiten der Bibel intellektuell aufgenommen und verstanden haben und mich in der Dogmatik verschiedener Jahrhunderte auskennen; ich kann homiletisch auf der Höhe sein und aktuell und lebensnah predigen – und trotz all meines Wissens und meiner Gaben nicht vom Heiligen Geist erfüllt sein. Bücher, Bildung, gute technische Ausstattung, selbst Charismen, bilden dann einen Ersatz für die fehlende Geistesfülle. Predigen, öffentlich beten, Gemeindeleben organisieren, Evangelisationsprogramme erstellen, Seelsorge ausüben, das alles kann ich lernen und auch ohne den Heiligen Geist praktizieren. Ellen G. White hat diese gefährliche Möglichkeit so formuliert: „Der Grund, warum so wenig vom Wirken des Geistes Gottes sichtbar ist, liegt darin, daß Prediger lernen, ohne ihn zu arbeiten."[1] So wichtig eine grundlegende Ausbildung und systematische Weiterbildung für einen Prediger ist, noch wichtiger ist es für ihn, sich ständig vom Heiligen Geist füllen zu lassen.

Woran das Erfülltsein mit Gottes Geist erkennbar ist

Im Neuen Testament begegnet uns kein einziger Mensch, der von sich behauptet hat: „Ich bin mit Heiligem Geist erfüllt." Immer haben das andere über die Betreffenden gesagt. Erfülltsein mit Geist bedeutet, daß alle Lebensbereiche unter seinem Einfluß stehen, von ihm geführt, kontrolliert und beherrscht werden. Erfülltsein mit Geist zeigt sich zuerst im täglichen Leben, nicht in außergewöhnlichen Glaubenserfahrungen oder übernatürlichen Offenbarungen. Der Lebensstil eines Christen macht deutlich, ob er voll Geistes ist.

Im Anschluß an das Gebot, sich beständig mit Geist füllen zu lassen, nennt Paulus anhand mehrerer Verben im Partizip Präsens vier Merkmale des Geist-Erfülltseins: Reden – singen und spielen – danken – sich unterordnen (Eph 5,18-20). Das sind Wirkungen des Erfülltseins und zugleich Wegbereiter, um immer neu erfüllt zu werden.

1. Mit Geist erfüllt sein zeigt sich daran, daß und wie Menschen miteinander reden: „Ermuntert (redet) einander mit Psalmen und Lobgesängen und geistlichen Liedern." (Eph 5,19) Miteinander reden bedeutet Gemeinschaft pflegen, und zwar geistliche Gemeinschaft. Als Inhalt des Redens nennt Paulus „Psalmen, Lobgesänge, geistliche Lieder". Er will damit nicht sagen, daß das normale Verständigungsmittel geisterfüllter Menschen das Lied oder frommes Reden ist. Was die genannten Inhalte ausdrücken, dient dazu, sich gegenseitig zu ermutigen und aufzurichten. Davon gehen geistlicher

---

[1] „The reason why there is so little of the Spirit of God manifested is that ministers learn to do without it." E. G. White, *Testimonies for the Church*, Bd. 1, S. 383.

Zuspruch und positive Impulse aus. Wenn gläubige Menschen miteinander reden, wird offenbar, ob sie voll Geistes sind. Natürlich sprechen sie miteinander auch über alltägliche Dinge, schließlich leben sie in dieser Welt. Doch darin erschöpft sich ihr Reden eben nicht. Alles steht für sie in Beziehung zum Glauben. Was sie sagen, kommt aus der Quelle des Heiligen Geistes. Von geisterfüllten Menschen gehen durch Worte „Ströme lebendigen Wassers" aus, „das sagte er [Jesus] aber von dem Geist, den die empfangen sollten, die an ihn glaubten" (Jo 7,38.39).

2. Mit Geist erfüllt sein zeigt sich daran, daß und wie Menschen mit Gott reden: „Singt und spielt dem Herrn in eurem Herzen." (Eph 5,19) Wenn uns der Heilige Geist ausfüllt, erfüllt er zugleich seine Aufgabe in uns. Sie besteht darin, Jesus zu verherrlichen. Jesus hat gesagt, daß der Geist „nicht von sich selbst reden wird". Er wird allein Jesus verherrlichen (Jo 16,13.14). Gottes Sohn hat in seinem Menschsein immer wieder von sich und dem Vater gesprochen. Der Geist aber spricht nicht von sich und aus sich selbst. Er lenkt die Aufmerksamkeit ausschließlich auf Jesus Christus und auf das, was er mit seinem Leben, Sterben und Auferstehen für uns getan hat. Aufgabe des Geistes ist es, in uns die Gemeinschaft mit dem Vater und Sohn zu bewirken. Wenn er dieses Ziel erreicht hat, sind wir geisterfüllt. Dann werden wir dem Herrn in unserm Herzen „singen und spielen". Wir werden allein Jesus Christus durch Wort und Leben verherrlichen. „Der Heilige Geist ist nicht dazu gekommen, um sich selbst zu verherrlichen, er ist gekommen, um Jesus zu verherrlichen."[1] Das ist vermutlich der Grund, warum im Neuen Testament niemals zum Heiligen Geist gebetet wird.

3. Mit Geist erfüllt sein zeigt sich daran, wie Menschen auf die verschiedenen Umstände ihres Lebens reagieren: „Sagt Dank Gott, dem Vater, allezeit für alles, im Namen unseres Herrn Jesus Christus." (Eph 5,20) Viele gläubige Menschen danken manchmal für manches, geisterfüllte Christen dagegen immer und für alles. Es gibt

---

[1] Graham, Billy, *Die Kraft des Heiligen Geistes empfangen*, Hänssler Verlag, Neuhausen-Stuttgart, 1990, S. 99.

GEISTESTAUFE UND ERFÜLLTSEIN MIT GEIST

keinen Zeitpunkt, an dem sie nicht danken und keine Lebensumstände, für die sie nicht dankbar sind. Sie tun das „im Namen Jesu Christi" und sie tun es „für Gott, den Vater". Nur durch den Heiligen Geist können Gläubige zu dieser inneren Einstellung gelangen. Immer wenn wir jammern, klagen und murren, ist das ein Zeichen dafür, daß wir nicht voll Geistes sind. Allein der Geist bewirkt in uns den Dank in allen Lebenslagen, weil wir wissen, „daß denen, die Gott lieben, alle Dinge zum Guten mitwirken" (Rö 8,28, EB).

4. Mit Geist erfüllt sein zeigt sich daran, wie Menschen in der Gemeinde miteinander umgehen: „Ordnet euch einander unter in der Furcht Christi." (Eph 5,21a) Das griechische Verb *hypotassomai* bedeutet hier nicht „untertan sein" im Sinne von sich selbst aufzugeben und von anderen beherrschen zu lassen, sondern eine vorhandene Ordnung anzuerkennen. Die durch Christus in der Gemeinde gesetzte Ordnung heißt: der Mitchrist ist „der Bruder (oder die Schwester), für den Christus gestorben ist" (1 Ko 8,11). Der natürliche Mensch betrachtet, beurteilt und behandelt den anderen vom Standpunkt der Bildung und gesellschaftlichen Stellung, des Besitzes, Ansehens oder Könnens. Der Christ sieht im anderen den durch Christus erlösten Menschen, ein Kind Gottes. Nicht Selbstbehauptung oder sich gegen den anderen Durchsetzen ist das Kennzeichen des vom Geist erfüllten Menschen, sondern gegenseitige Achtung und Ehrerbietung aufgrund der Würde, die er durch Christus empfangen hat.

„Der Heilige Geist bringt uns in die richtige Beziehung zu Gott, er richtet uns auf Gott aus, und er bringt uns in eine richtige Beziehung zu den Menschen. In diesen Kennzeichen und Verhaltensweisen, und nicht so sehr in übernatürlichen Dingen, sollten wir die Merkmale des Erfülltseins vom Heiligen Geist suchen."[1]

„Das vom Geist erfüllte Leben ist nicht unnormal, vielmehr ist es das normale christliche Leben. Alles, was weniger ist, ist weniger normal, und es ist weniger als das, was Gott für seine Kinder will und für sie vorgesehen hat. Deswegen darf man das Erfülltwerden

---

[1] Stott, John R. W., a. a. O., S. 50.

mit dem Geist nie als etwas betrachten, das ungewöhnlich ist oder das die ausschließliche Erfahrung einiger weniger Auserwählter wäre. Alle sollen vom Geist erfüllt werden, alle brauchen ihn, und allen steht er zur Verfügung."[1]

Wer mit Heiligem Geist erfüllt sein will, wird darum beten, daß der Geist ihn ganz ausfüllt. Wir haben bereits festgestellt,[2] daß in den neutestamentlichen Briefen die Gläubigen nie aufgefordert werden, um die Ausgießung des Heiligen Geistes zu beten, weil er zu Pfingsten ausgegossen worden ist, und jeder Christusgläubige ihn empfangen hat.

Wer in der Freude über den empfangenen Geist lebt, der wird nicht die Hände in den Schoß legen und sich ausruhen. Wie er lebenslang dafür dankt, was Christus für ihn mit seinem Leben, Sterben und Auferstehen getan hat, so wird er auch nicht aufhören dafür zu danken, daß er die Gabe des Heiligen Geistes empfangen hat, durch die er Jesus als seinen Retter und Herrn erkennen konnte. Und der Dank für die empfangene Gabe wird immer neu einmünden in die Bitte: „Komm, Heiliger Geist, erfülle mich ganz."

Wer vom Geist ergriffen ist, muß sich immer neu von ihm ergreifen lassen. Wer ihn hat, muß sich immer neu nach ihm ausstrecken. Erfülltsein mit Heiligem Geist ist kein statischer Zustand, sondern ein dynamisches Geschehen. Wir haben Gottes Geist immer nur so, indem wir ihn immer neu empfangen.[3] Deshalb ist die Bitte um den Heiligen Geist von großer seelsorgerlicher Bedeutung.

Jesus verheißt, daß diejenigen, die um den Geist bitten, ihn auch empfangen werden: „... wieviel mehr wird der Vater im Himmel den heiligen Geist geben denen, die ihn bitten!" (Lk 11,13).

Weil Gottes Geist zu Pfingsten ausgegossen worden und damit gegenwärtig ist, dürfen wir fest damit rechnen, daß er uns immer neu füllen wird.

---

[1] Graham, Billy, a. a. O., S. 102.
[2] Siehe S. 82.
[3] Schneider, Dieter, *Der Geist, der Geschichte macht*, Aussaat Verlag, Neukirchen-Vluyn, 1992, S. 30.

GEISTESTAUFE UND ERFÜLLTSEIN MIT GEIST

Zusammenfassung

Folgende Unterschiede ergeben sich aus der Gegenüberstellung von Geistestaufe und Geisterfülltsein:

1. Die Geistestaufe ist ein Geschehnis, das am Beginn des neuen Lebens mit Christus steht. Das Erfülltsein mit Geist ist eine lebenslange Erfahrung.

2. In der Taufe aus Wasser und Geist wird das neue Leben geboren. Das Erfülltwerden mit Geist vermittelt die Kraft, die zum Wachstum des neuen Lebens notwendig ist.

3. Die Geistestaufe ist ein einmaliges Ereignis. Das Erfülltsein mit Geist ist ein Prozeß, der im Leben eines Christen nicht aufhören darf.

4. Gläubige Menschen werden nie aufgefordert, sich im Heiligen Geist taufen zu lassen, wohl aber sich mit ihm füllen zu lassen.

5. Die Taufe im Geist ist ein Geschenk. Das Erfülltwerden mit Geist ist sowohl eine Gabe für besondere Aufgaben als auch ein Gebot für das normale Christenleben.

6. Um die Taufe im Heiligen Geist brauchen wir nicht zu beten, weil sie für den Christusgläubigen ein Ereignis in der Vergangenheit ist. Nach dem Erfülltwerden mit Heiligem Geist müssen wir uns immer neu im Gebet ausstrecken.

Mit dem Heiligen Geist Schritt halten – die lebenslange Aufgabe jedes Christen

Die Gefahr liegt nahe, genau zwischen Geistestaufe und Erfülltsein mit Geist unterscheiden zu können, ohne daß die eigene Existenz davon betroffen ist. Dann bleibt alles nur intellektuelle Spielerei, die uns nicht hilft, selbst zu erfahren, was es bedeutet, vom Heiligen Geist erfüllt und geführt zu werden.

Nach den Worten Jesu will der Geist-Paraklet unser *Weg-Führer* sein (Jo 16,13). Paulus vertieft diesen Gedanken und sagt, daß diejenigen, „die sich vom Geist *führen* lassen, Gottes Kinder sind" (Rö 8,14). Luther hat in seiner Übersetzung den Sinn richtig getroffen,

AUF DEN SPUREN DES HEILIGEN GEISTES

wenn er in Galater 5,18 schreibt: „*Regiert* euch aber der Geist ..."
Der Geist will uns führen, leiten, treiben, regieren. Er geht uns voran. Die Frage ist, ob wir mit ihm Schritt halten oder hinter den Möglichkeiten zurückbleiben, die er für uns bereithält.

Das geistliche Leben vieler Christen bewegt sich auf einem erschreckend niedrigen Niveau. Es spiegelt nichts von dem Reichtum, der Kraft und Herrlichkeit wider, die der Geist schenken will. Die Fülle des Geistes ist da, aber wir leben nicht aus seiner Fülle. Gott will aber, daß wir „erfüllt werden mit der ganzen Gottesfülle" (Eph 3,19). Was können wir tun, damit wir mit dem Heiligen Geist Schritt halten?

Die erste Antwort gibt Paulus in Epheser 4,30: „Und betrübt nicht den heiligen Geist Gottes, mit dem ihr versiegelt seid für den Tag der Erlösung." Betrüben kann ich nur eine Person, die ein enges Verhältnis zu mir hat. Weil der Geist Gottes in mir wohnt, deshalb kann ich ihn betrüben. Wenn das geschieht, behindere ich seine Wegführung. Der Heilige Geist ist ein Geist des Gehorsams. Jeder Ungehorsam, ob klein oder groß, betrübt ihn. Eigenwilligkeit und Selbstsucht, Rechthaberei und Unversöhnlichkeit hemmen sein Wirken in uns.

Der Heilige Geist ist ein Geist der Liebe. Lieblosigkeit in Ehe und Familie, am Arbeitsplatz oder in der Gemeinde, selbst dem gegenüber, der uns feindlich gesinnt ist, betrübt ihn. Der Heilige Geist ist ein Geist der Selbstbeherrschung oder Zucht. Wir können nicht die Führung des Geistes beanspruchen und zugleich fortfahren, unbeherrscht zu leben, ob in Gedanken oder in unseren Gefühlen, in Worten oder im Verhalten. Wer undiszipliniert mit der Zeit umgeht, sie totschlägt oder mißbraucht, geht der Führung durch den Geist aus dem Weg. Vor der Aufforderung, sich mit Heiligem Geist füllen zu lassen, sagt Paulus: „Kaufet die Zeit aus ..." (Eph 5,16) Und vor der Mahnung, den Geist nicht zu betrüben, heißt es: „Laßt kein faules Geschwätz aus eurem Munde gehen ..." und: „Alle Bitterkeit und Grimm und Zorn und Geschrei und Lästerung seien ferne von euch samt aller Bosheit." (Eph 4,29.30) Wer den Geist ständig betrübt, verzichtet auf seine Führung.

GEISTESTAUFE UND ERFÜLLTSEIN MIT GEIST

Eine weitere Bedingung, die jeder geistlichen Erfahrung vorangeht, heißt: Ich muß sie wollen. Jesus sagt das mit den Worten: „Wen da dürstet, der komme zu mir und trinke!" (Jo 7,37) und: „Wenn jemand dessen Willen tun *will*, wird er innewerden ..." (Jo 7,17)

Wer keinen Durst hat, also mit seinem geistlichen Zustand zufrieden ist, dem kann nicht geholfen werden.

Zum Wesen des Heiligen Geistes gehört es, daß er sich nicht aufdrängt. Viele spüren, daß ihr geistliches Leben unterentwickelt und kraftlos ist. Sie sind mit ihrem Zustand nicht zufrieden und wünschen eine Änderung. Doch letztlich lassen sie alles so bleiben, wie es ist, weil sie die Konsequenzen fürchten. Es ist ein bedeutender Unterschied, ob ich mir nur etwas wünsche, oder ob ich etwas will.

Wünschen ist unverbindlich und mobilisiert kaum Kräfte. Wenn ich aber etwas wirklich will, bin ich auch bereit, den Preis dafür zu zahlen, dann setze ich alles ein, um das Gewollte zu erreichen. Nur wenn ich diese Voraussetzung erfülle, kann und wird der Geist Gottes in den kleinen und großen Fragen meines Lebens seine Führungsaufgabe wahrnehmen.

Ein Gesetz des geistlichen Lebens heißt: Der Heilige Geist schließt Türen auf, die wir nicht öffnen können. Hindurchgehen müssen wir selbst. Der Geist Gottes überläßt uns dabei den Vortritt, aber er folgt uns. Wenn wir durch die Tür gegangen sind, die er geöffnet hat, dann übernimmt er wieder die Führung und schließt weitere Türen zu neuen geistlichen Erfahrungen auf. Darin offenbart sich das Wesen seiner Wegführung. Auf diese Weise stiftet der Geist Gottes eine Partnerschaft zwischen sich und uns, die lebenslang hält. Paulus drückt das so aus: „Wenn wir im Geist leben, so laßt uns auch im Geist wandeln." (Gal 5,25)

„Ich überlasse dem Geist die Führung, der Geist läßt mir immer wieder den Vortritt. Er mutet mir zu, daß ich ihm vorangehe. In der Bitte um den Geist lasse ich mir den Vortritt gefallen, damit er die Führung übernehme und mir vorangehe. In dieser Partnerschaft erniedrigt sich der Geist, um den Menschen zu erhöhen; der

AUF DEN SPUREN DES HEILIGEN GEISTES

Mensch demütigt sich, um dem Geist die Ehre zu geben. Es ist die Partnerschaft, in der man gemeinsam durch Türen geht."[1]

An drei Brennpunkten des geistlichen Lebens soll diese paradoxe Partnerschaft verdeutlicht werden:

1. Der Geist Gottes macht mich auf eine bestimmte Sünde aufmerksam. Er öffnet mir die Tür, daß ich Jesus sehe und durch Reue, Umkehr und Vergebung die Sünde hinter mir lassen kann. Aber ich muß durch die geöffnete Tür gehen und die Sünde bekennen, sie aufgeben und um Vergebung bitten. Wenn ich das getan habe, führt mich der Geist Gottes weiter auf dem Weg der Heiligung. Gehe ich nicht durch diese Tür, blockiere ich seine weitere Wegführung in meinem Leben. Nur wenn ich Sünde loslasse, kann er mich fester ergreifen. Je mehr mich der Geist ergreift, desto leichter fällt das Loslassen. Der Geist schenkt Gehorsam, und dem Gehorsamen ist der Geist verheißen (Apg 5,32).

2. Wie Paulus es ausdrückt, ruft der Geist Gottes in uns: „Abba, lieber Vater." (Gal 4,6) Das heißt, er weckt in uns den Wunsch zu beten. Beten ist also ein Geschenk des Geistes. Indem er uns mahnt zu beten, öffnet er die Tür, daß wir es auch können. Wenn ich täglich durch die geöffnete Tür gehe, wird der Geist mir nicht nur tiefere Freude am Gebet schenken, sondern auch die Partnerschaft zwischen sich und mir festigen und vertiefen. Der Geist treibt zum Gebet, und wer betet wird mit Geist erfüllt.

3. Der Geist weckt in uns den Hunger nach Gottes Wort. Gehe ich immer wieder durch die von ihm geöffnete Tür und nehme dieses Wort in mich auf, wird nicht nur mein Hunger gestillt, sondern ich werde darin geistgewirkte Schätze entdecken, die mein Leben verändern und bereichern. Einziges Ziel des Heiligen Geistes ist es, mich durch Gottes Wort immer näher zu Jesus zu führen. Jesus hat diese Partnerschaft zwischen dem Geist-Parakleten und uns so beschrieben: „Er wird euer Wegführer in die ganze Wahrheit sein" (vgl. Jo 16,13), die Christus selbst ist. Deshalb fordert uns Pau-

---

[1] Bohren, Rudolf, *Fasten und Feiern*, Neukirchener Verlag, Neukirchen-Vluyn, 1973, S. 77.

GEISTESTAUFE UND ERFÜLLTSEIN MIT GEIST

lus auf: „Laßt das Wort Christi reichlich in euch wohnen." (Kol 3,16)

Schritthalten mit dem Heiligen Geist bedeutet, immer wieder durch die Türen zu gehen, die er für uns öffnet. Hinter jeder Tür erwarten uns neue Erfahrungen, durch die unser geistliches Leben wächst, und „wir durch seinen Geist stark werden an dem inwendigen Menschen" (Eph 3,16).

Die bleibende Aufgabe des Geistes besteht darin, uns durch den Glauben an Jesus zu einem geheiligten Leben zu führen; denn ohne Heiligung wird niemand den Herrn sehen (Hbr 12,14). Je bewußter ich die Partnerschaft mit dem Heiligen Geist lebe, um so mehr kann er in mir und durch mich wirken, d. h. einen Menschen vollständig heiligen (1 Th 5,13). Er wartet jeden Tag darauf, daß ich mich ihm ganz zur Verfügung stelle.

Paulus drückt das im Römerbrief mit den Worten aus: „Gebt euch selbst Gott hin" und: „Gebt eure Leiber hin (d. h. euch selbst) als ein Opfer, das lebendig, heilig und Gott wohlgefällig ist." (Rö 6,13; 12,1). Hingeben, ausliefern, übergeben, sich ganz zur Verfügung stellen, das sind schwerwiegende und zugleich frohmachende Worte. Hingabe hat nichts mit Gefühlen und Stimmungen zu tun. Sie bedeutet, sich selbst an den zu verschenken, den man liebt.

Ein Vergleich kann das verdeutlichen. Am Hochzeitstag sagt eine Frau zu ihrem Mann: Jetzt sind wir verheiratet. Alles, was ich besitze, das gehört nun auch dir. Mein Haus, mein Auto, selbst über mein Bankkonto kannst du verfügen. Meinen ganzen Besitz schenke ich dir. Nur eins kann ich dir nicht schenken: Mich selbst.

Kein wirklich Liebender wäre damit zufrieden. Ihm geht es nicht um das, was seine Frau besitzt, sondern um sie als Person. Vater, Sohn und Heiliger Geist wollen nicht *etwas* von mir. Sie wollen *mich*. Jesus will nicht einen Teil meiner Zeit oder meines Vermögens, auch nicht meine Gaben und Fähigkeiten. Der Heilige Geist will überhaupt nichts von mir. Er will mich.

Hingabe ist ein bewußter Willensakt. Nur wenn ich mich dem Geist täglich zur Verfügung stelle, kann ich mit ihm Schritt halten. Und er wird mir immer neue Bereiche meines Lebens zeigen, in denen eine Übergabe erforderlich ist. Das ist der Preis, den jeder zu zahlen hat, der mit Heiligem Geist erfüllt sein und mit ihm Schritt halten will. Billiger geht es nicht.

Ellen G. White hat diese tägliche Lebensübergabe an den Heiligen Geist so zum Ausdruck gebracht:

„Unbeschränkt ist die Brauchbarkeit eines Menschen,
der das ICH beiseite setzt,
den HEILIGEN GEIST auf sein Herz wirken läßt
und ein völlig gottgeweihtes Leben führt."

Kapitel 6

Die Geistesgaben im Dienst der Gemeinde und die Geistesfrucht zum persönlichen Wachstum

Beim Gang durch das Alte Testament haben wir unterschiedliche und scheinbar zusammenhanglose Spuren des Geistwirkens entdeckt, die aber im Neuen Testament in einen Strom einmünden.

Was im Alten Testament auf einzelne Personen beschränkt war, umfaßt im Neuen Testament die ganze Gemeinde. Was dort nur als Verheißung (Jes 44,3), Hoffnung (Sach 12,10) oder Wunsch (4 Mo 11,29) ausgesprochen wurde, erfüllt sich bei allen, die zur Gemeinde Jesu gehören.

Das zeitlich begrenzte Geistwirken an einigen Personen im Alten Testament wird im Neuen zum bleibenden Geschenk für die ganze Gemeinde bis zur Wiederkunft Jesu (Jo 14,16).

Die gleiche Wirkungsweise des Geistes begegnet uns im Bereich der geistlichen Gaben.

Als das alttestamentliche Heiligtum gebaut wurde, empfingen nur die Personen spezielle Gaben und Fähigkeiten, die den Bau leiteten.

In der neutestamentlichen Gemeinde aber rüstet der Heilige Geist nicht nur einige Auserwählte mit Gaben aus, sondern alle, die in die Gemeinde eingegliedert sind. Alle sind berufen, beauftragt und vom Geist unterschiedlich befähigt, sich als Bauleute beim Aufbau der Gemeinde einzubringen.

AUF DEN SPUREN DES HEILIGEN GEISTES

Eine notwendige Verhältnisbestimmung zwischen dem Heiligen Geist als Gabe und den Gaben des Geistes

Bevor wir nach dem Ursprung der geistlichen Gaben fragen, sind Begriffserklärungen und Unterscheidungen erforderlich, um Mißverständnisse von vornherein auszuschließen.

Lukas bezeichnet in der Apostelgeschichte den Heiligen Geist durchgehend als „Gabe" (dorea): 2,38; 8,20; 10,45; 11,17. Einmal nennt er ihn „Gabe Gottes" (8,20). Der Hebräerbrief spricht von der „himmlischen Gabe" (6,4). Das griechische Wort *dorea* umfaßt im Neuen Testament immer eine Gabe, die Gott, bzw. Christus gibt. Der Mensch empfängt sie umsonst, ohne Vorleistungen erbringen zu müssen.[1] Der Heilige Geist ist nicht irgendeine Gabe unter den vielen Gottesgaben. Er ist die größte Gnadengabe, durch die wir Anteil an allen Segnungen bekommen, die Vater und Sohn für uns bereithalten (Eph 1,3ff.). Diese Gabe ist aber kein unpersönliches ES, sondern ein personhaftes ICH, das sich an uns verschenkt und uns in die Gemeinschaft mit dem Vater und dem Sohn führt. Der Heilige Geist ist die unbegrenzte Gegenwart Gottes, durch die unser Leben ganz und gar verändert und lebendig wird.

Der Heilige Geist ist nicht nur Gabe Gottes an uns, sondern zugleich selbst Geber von Gaben. Das ist eins seiner Geheimnisse: Er ist Gabe und Geber von Gaben.[2] Die Gaben, die er der Gemeinde gibt, werden vor allem mit dem Begriff *charisma* (Plural: *charismata*, auch: Charismen) wiedergegeben. Dieses Wort bedeutete in der griechischen Umgangssprache jener Zeit: Gabe, Wohltat, Zuwendung, Geschenke, die sich Menschen untereinander machen. Im Neuen Testament dagegen wird *charisma* nur gebraucht, um solche Gaben zu kennzeichnen, die ihren Ursprung in Gott haben. *Charisma* ist von *charis* abgeleitet und bezeichnet ein Geschenk der Gna-

---

[1] „In *dorea* liegt im Neuen Testament immer die Gnade Gottes." Büchsel in: *Theologisches Wörterbuch zum Neuen Testament*, Bd. 2, S. 169.
[2] Vogel, Heinrich, *Komm Schöpfer Geist*, Berlin, 1970, S. 152.

de. Neben unterschiedlichen Wohltaten, die Menschen von Gott empfangen (Rö 1,11; 5,15.16; 6,23; 11,29; 1 Ko 1,11), bekommt dieser Begriff in den neutestamentlichen Briefen eine spezifische Bedeutung. Vor allem Paulus bezeichnet damit natürliche und übernatürliche Begabungen, die Christen zum Dienst in der Gemeinde erhalten. Der Begriff *Charisma* wird damit zum eigentlichen Fachwort für die Gaben, die der Heilige Geist austeilt, und die wir geistliche Gaben nennen (1 Ko 12,4.9.28.30.31; 1,7; Rö 12,6; 1 Tim 4,14; 2 Tim 1,6; 1 Pt 4,10).

Der trinitarische Ursprung der Charismen

Auf die Frage nach dem Ursprung der Charismen gibt Paulus drei Antworten, die miteinander eine Einheit bilden.

In 1. Korinther 12,28 führt er die Geistesgaben auf Gott zurück: „Und *Gott* hat in der Gemeinde eingesetzt ..." Im Epheserbrief schreibt er: „Und er [*Christus*] hat einige als Apostel eingesetzt, einige als Propheten, einige als Evangelisten, einige als Hirten und Lehrer." (4,11) In 1. Korinther 12,11 sieht Paulus die Charismen im Heiligen Geist begründet: „Dies alles wirkt derselbe eine *Geist* ..." Bevor Paulus in 1. Korinther 12 den Reichtum der geistlichen Gaben entfaltet, geht er ebenfalls auf die Herkunft der unterschiedlichen Gaben und Kräfte ein, die er in der Gemeinde vorgefunden hat. Er faßt den Ursprung der vielfältigen Fähigkeiten in folgenden Worten zusammen: „Es sind verschiedene Gaben; aber es ist *ein Geist*. Und es sind verschiedene Ämter; aber es ist *ein Herr*. Und es sind verschiedene Kräfte, aber es ist *ein Gott*, der da wirkt alles in allen." (1 Ko 12,4-6) Alle Gaben, Dienste und Wirkkräfte führt Paulus auf den einen Geist, den einen Herrn und den einen Gott zurück. Sie haben ihren gemeinsamen Ursprung im dreieinigen Gott.

Im Epheserbrief beleuchtet Paulus den Ursprung der Charismen aus christologischer Perspektive (4,7ff.). Grundlage seiner Beweisführung ist der 68. Psalm, den er in Vers 8 zitiert: „Er ist aufgefahren zur Höhe und hat Gefangene mit sich geführt und hat den Menschen Gaben gegeben." Dieser Psalm wird im Neuen Testament christologisch interpretiert. Er schildert u. a., wie Jahwe nach einer Schlacht in seine Residenz zurückkehrt. Ihm folgen sein Heer, dazu Gefangene und die Beute, die er gemacht hat. Nachdem er als Sieger auf seinem Thron Platz genommen hat, verteilt er die Siegesbeute. „Er hat den Menschen Gaben gegeben." (V. 8)

Welchen Weg mußte Gottes Sohn gehen, um Siegesbeute austeilen zu können? Er mußte in die Schlacht, das heißt hinabsteigen in die Niederungen der menschlichen Existenz, in die „Tiefen der Erde" (V. 9). Mit anderen Worten als sonst beschreibt Paulus die Inkarnation des Sohnes Gottes: Hinabsteigen in die dunkelsten Winkel des Menschseins, in unser Elend, in unseren ganzen Jammer. Er mußte bis in die letzte Tiefe, in die Gottverlassenheit am Kreuz. In dieser Tiefe hat Christus mit den Mächten der Finsternis gekämpft und sie besiegt. Das war der Preis, den er zahlen mußte, um mit Siegesbeute heimzukehren (V. 10). Die Charismen gehören zur Siegesbeute des gekreuzigten, auferstandenen und in den Himmel aufgenommenen Kyrios. Das macht sie so kostbar und wertvoll. Diese Gnadengaben weisen auf Christus hin und auf das, was es ihn gekostet hat, um die Gemeinde reich zu beschenken.

Die Aufgabe des Heiligen Geistes besteht darin, die Siegesbeute des Sohnes in Form der Charismen, Dienste und Wirkkräfte in der Gemeinde auszuteilen (1 Ko 12,8.9). In ihnen „offenbart" sich der Geist (1 Ko 12,7). Er wirkt durch sie und „verteilt sie, wie er will" (1 Ko 12,11). In den ersten dreizehn Versen von 1. Korinther 12 kommen Wendungen wie *der Geist, der Geist Gottes, der heilige Geist, derselbe Geist, ein Geist* und *ein und derselbe Geist* elfmal vor. Fraglos soll damit hervorgehoben werden, daß der Heilige Geist das „Ausführungsorgan Gottes" ist (J. Stott). Letztlich aber kommt alles von Gott, „der da wirkt alles (*ta panta*) in allen (*en pasin*)" (1 Ko 12,6).

Zusammenfassend kann gesagt werden, daß die Charismen im Neuen Testament trinitarisch begründet werden. Sie haben ihren Ermöglichungsgrund im Heilshandeln des Sohnes, ihre bleibende Funktion im ständigen Wirken des Geistes in der Gemeinde und letztlich im Gottsein des Vaters, der alles umfaßt. Wieder wird deutlich, daß Vater, Sohn und Geist immer gemeinsam handeln. Gemeinsam wirkten sie in der Schöpfung. Gemeinsam haben sie den Erlösungsplan gelegt. Gemeinsam führen sie ihn aus, bis hinein in die Dienste und Charismen, ohne die die Gemeinde ihre Aufgabe nicht erfüllen könnte.

Reichtum und Vielfalt der geistlichen Gaben

Paulus unterstreicht in 1. Korinther 12,4-6 nicht nur den trinitarischen Ursprung der Geistesgaben. Darüber hinaus stellt er dem einen Geber den Reichtum, die Vielfalt und die Unterschiedlichkeit der geistlichen Gaben gegenüber. Er verwendet nicht einen, sondern drei verschiedene Begriffe, um das Wesen der Gaben des Geistes zu benennen. Sie sind erstens *charismata,* also Gaben der Gnade (V. 4). Zweitens sind sie *diakoniai,* verschiedene Formen von Diensten und Aufgaben (V. 5). Drittens sind Geistesgaben *energemata,* also Wirkkräfte, die zu Aktivitäten führen. Zu jedem dieser drei Begriffe fügt Paulus das Wort *diairesis* im Plural hinzu. Das Wort bedeutet Zuteilung und Unterschied. Um den Sinn genau zu treffen, muß übersetzt werden: „Es gibt unterschiedliche Zuteilungen von Charismen. Es gibt unterschiedliche Zuteilungen von Diensten. Es gibt unterschiedliche Zuteilungen von Kräften." Diese Formulierungen drücken aus, daß der Gemeinde ein unerschöpflicher Reichtum und eine große Vielfalt an Gaben, Kräften und Dienstausrüstungen zur Verfügung stehen.

Anhand dieser Aussagen ist es möglich, zu definieren, was geistliche Gaben sind. Geistesgaben sind besondere Fähigkeiten, die durch Gottes Macht und Gnade verliehen werden, um jeden Gläubigen für bestimmte Dienste in der Gemeinde Jesu auszurüsten. Eine Geistesgabe ist also weder eine Fähigkeit an sich, noch ein Dienst als solcher, sondern eine Fähigkeit, die zum Dienst ausrüstet. Anders gesagt: Eine Gabe ist erst dann eine Gnadengabe, wenn sie für die Gemeinde eingesetzt wird. Eine Fähigkeit, die nicht dem Leib Christi dient, ist kein Charisma.

An folgenden Stellen im Neuen Testament werden Gnadengaben genannt, aufgelistet und besprochen: 1. Korinther 12 bis 14;

AUF DEN SPUREN DES HEILIGEN GEISTES

Römer 12,6-8; Epheser 4,7-12; 1. Petrus 4,10.11. Die Texte sind nach der Übersetzung von H. Schürmann[1] wiedergegeben:

1. Korinther 12,7-11

„Einem jeden aber wird die Offenbarung des Geistes gegeben zum Nutzen. Dem einen nämlich wird durch den Geist gegeben *Weisheitsrede*, einem andern aber
Erkenntnisrede gemäß demselben Geist; einem andern
Glaube durch denselben Geist; einem andern aber
Gaben zum Heilen durch den einen Geist; einem andern
Wirkfähigkeiten zu Machttaten; einem andern
Prophetengabe; einem andern aber
Gaben der Unterscheidung der Geister; einem andern aber
verschiedene Arten von Zungenreden; einem andern aber
die Gabe, die Zungenreden auszulegen.
Alles dies aber wirkt ein und derselbe Geist, der einem jeden zuteilt, wie er will."

1. Korinther 12,28-30

„Und Gott hat gesetzt in der Kirche die einen – erstens als
Apostel, zweitens als
Propheten, drittens als
Lehrer; dann (wunderbare)
Wirkkräfte, dann
Gaben zum Heilen,
Hilfeleistungen,
Leitungsgaben,
verschiedene Arten von Zungenreden. Sind etwa alle
Apostel, etwa alle
Propheten, etwa alle
Lehrer? Haben etwa alle (wunderbare)
Wirkkräfte, etwa alle

---

[1] Schürmann, Heinz, *Die geistlichen Gnadengaben in den paulinischen Gemeinden*, St. Benno-Verlag, Leipzig, 1970.

Gaben zum Heilen? Reden etwa alle in *Zungen*, (können) etwa alle (diese) *auslegen?"*

Römer 12,6-8
„Wir haben aber gemäß der uns gegebenen Gnade unterschiedliche Gnadengaben: sei es eine *Prophetengabe*, (laßt sie uns gebrauchen) nach Maßgabe des Glaubens, sei es eine *Dienstgabe*, im (betreffenden Dienst); sei es der *Lehrende* bei der Lehrunterweisung, sei es der *Mahnredner* bei der Mahnrede; der (Gaben-)*Austeiler* (tue es) in Einfalt, der *Vorstehende* mit Eifer, der *Barmherzigkeit* übt, in Fröhlichkeit."

Epheser 4,7.11
„Einem jeden von uns wurde die Gnade gegeben nach dem Maße des Geschenkes des Christus. Und er *gab* die einen als *Apostel*, die andern als *Propheten*, andere als *Evangelisten*, (wieder) andere als *Hirten und Lehrer*."

1. Petrus 4,10.11
„Wie jeder eine *Gnadengabe* empfangen hat, so dient damit einander als gute Verwalter der verschiedenartigen Gnade Gottes. Wenn jemand *redet*, (so rede er es) als Aussprüche Gottes; wenn jemand *dient*, (so sei es) als aus der Kraft, die Gott darreicht, damit in allem Gott verherrlicht werde durch Jesus Christus ..." (EB, Hervorhebungen vom Autor).

Neben diesen Aufzählungen der Gaben und Dienste finden sich vereinzelt im Neuen Testament Bezeichnungen, die mit einer der genannten zusammenfallen, wie *der im Wort unterrichtet* (Gal 6,6) oder *die euch in dem Herrn vorstehen und ermahnen* (1 Th 5,12). Dazu gehören auch *Vorsteher* bzw. Bischöfe (Phil 1,1; 1 Tim 3,2), *Presbyter* bzw. Älteste (Tit 1,5) und *Diakone* (Phil 1,1; 1 Tim 3,8.12). Vermutlich ist auch die von Petrus genannte *Gastfreundschaft* (1 Pt 4,9) den Charismen zuzuordnen.

Welche Schlußfolgerungen ergeben sich aus den unterschiedlichen Aufstellungen der Gnadengaben?

1. Vergleichen wir die Gabenlisten miteinander, so fällt auf, daß sie inhaltlich nicht übereinstimmen. Die einzelnen Bezeichnungen sind auch nicht immer streng voneinander zu trennen. Sie fallen mitunter in einer Person oder mit einem Dienst zusammen. Einmal werden die Gaben und Funktionen genannt, ein andermal stehen die Träger der Gaben im Vordergrund. Daraus ergibt sich, daß es für Paulus keinen Gegensatz zwischen Amt und Charisma gibt.

2. Paulus entwickelt keine systematische Charismenlehre. Er betont vielmehr die Fülle, die Vielfalt und den Reichtum, den Gott für die Gemeinde bereithält. Jede Aufstellung liefert nur eine Auswahl einer viel größeren Anzahl von Geistesgaben. Petrus erwähnt, daß hinter den Charismen die vielgestaltige (*poikilos* = farbenfroh, bunt) Gnade Gottes steht (1 Pt 4,10). Wie ein Orientteppich aus vielen unterschiedlichen Fäden und Farben besteht, so gleichen die Geistesgaben in der richtigen Zusammenstellung einem prächtig gewebten Bildteppich.

Die Gabenaufzählungen sind weder vollständig noch abgeschlossen, sondern offen für weitere Gaben, die der Heilige Geist in besonderen Situationen geben kann. Gewiß würde Paulus am Ende des zwanzigsten Jahrhunderts noch andere Gaben in den Gemeinden ausmachen, während einige der von ihm genannten nicht mehr zu finden sind. Vielleicht müßte er auch beklagen, daß in manchen Gemeinden der Reichtum der geistlichen Gaben vergessen worden ist.

3. Um die unterschiedlich gearteten Charismen besser überblicken und einordnen zu können, kann man sie in drei Gruppen einteilen: nämlich in Wortgaben, wunderwirkende oder zeichenhafte

GEISTESGABEN UND GEISTESFRUCHT

Gaben und Dienstgaben (siehe Aufstellung). In der Gabenaufstellung in 1. Korinther 12,7-11 stehen mehr die Wort- und wunderwirkenden Gaben im Vordergrund, während Paulus in Römer 12,6-8 die Dienstgaben hervorhebt.

Charismen im Neuen Testament

Wortgaben	Zeichenhafte Gaben	Dienstgaben
1. Weisheitsrede (1 Ko 12,8)	1. (Wunderwirkender) Glaube (1 Ko 12,9)	1. Leitungsgabe (Rö 12,8; 1 Ko 12,28)
2. Erkenntnisrede (1 Ko 12,8)	2. Heilungsgaben (1 Ko 12,9.28)	2. Allgemeine Dienste (Rö 12,7)
3. Prophetische Rede (1 Ko 12,10.28; Rö 12,7)	3. Sprachen (Zungen)- Gabe (1 Ko 12,10.28)	3. Gabe des Helfens (1 Ko 12,28)
4. Lehrgabe (1 Ko 12,28; Rö 12,7; Eph 4,11)	4. Auslegung der Zungenrede (1 Ko 12,10.30)	4. Gabe des Gebens (Rö 12,8)
5. Evangelistengabe (Eph 4,11)	5. Unterscheidung der Geister (1 Ko 12,10)	5. Gabe der Barmherzigkeit (Rö 12,8)
6. Apostelgabe (1 Ko 12,28; Eph 4,11)	6. Wunderwirkende Kräfte (1 Ko 12,10.28)	6. Gabe der Gastfreundschaft (1 Pt 4,9)
7. Gabe der Ermahnung (Rö 12,8)		7. Hirtengabe (Eph 4,11)

4. Auffallend ist, daß Paulus Gaben ganz unterschiedlichen Charakters miteinander verbindet. Neben übernatürlichen Kraftwirkungen und Sprachengaben stehen gleichwertig die Gaben der Leitung und Verwaltung. Hilfeleistungen und Werke der Barmherzigkeit sind für ihn genauso Geistesgaben, wie Krankenheilungen und prophetisches Reden. Alle Charismen, ob praktische Dienste, wunderwirkende Fähigkeiten oder unterschiedliche Wortgaben haben einen gemeinsamen Ursprung. Sie kommen von Gott dem Vater, sind durch den Sohn ermöglicht worden und werden vom Heiligen Geist ausgeteilt.

AUF DEN SPUREN DES HEILIGEN GEISTES

Nachzudenken ist noch über die Frage, in welchem Verhältnis die *natürlichen Gaben* oder Talente zu den *charismatischen Gaben* stehen. Worin besteht der Unterschied bzw. die Übereinstimmung zwischen beiden? Alle Menschen empfangen durch Zeugung und Geburt über den genetischen Code anlagemäßig natürliche Gaben und Fähigkeiten. Wir kennen z. B. künstlerische, handwerkliche, ästhetische, musikalische, organisatorische Begabungen. Die Variationen und Kombinationen von Talenten sind unübersehbar groß. Jeder von uns hat bestimmte, unverwechselbare Begabungen erhalten. Sie gehören zu den Persönlichkeitsmerkmalen eines Menschen. Geistliche Gaben dagegen empfangen nur Kinder Gottes. Die Wiedergeburt ist das entscheidende Ereignis, durch das Menschen in den Leib Christi eingegliedert werden, und der Geist ihnen Gaben mitteilt. Aus freiem Ermessen gibt er jedem seine besondere Fähigkeit. Noch nie hat er jemand bei der Gabenausteilung übersehen.

Mit natürlichen Gaben, die beruflich eingesetzt werden, sichern sich Menschen ihre finanzielle Existenz. Andere üben damit ein Hobby aus oder benutzen ihre Talente, um sich selbst zu bestätigen und zu verwirklichen. Geistliche Gaben dagegen sind zum Dienst an der Gemeinde gegeben, damit der Leib Christi durch sie aufgebaut wird (1 Ko 14,12). Sie dienen nicht demjenigen, der sie hat, vor allem nicht seiner Selbstdarstellung, sondern der Gemeinde als Leib Christi und damit der Verherrlichung Jesu.

Obwohl ein eindeutiger Unterschied zwischen den natürlichen Talenten und den charismatischen Gaben erkennbar ist, so besteht doch zwischen ihnen eine Verbindung. Da Gott der Schöpfer allen Lebens ist, kommen auch die natürlichen Gaben letztlich aus seiner Schöpferwerkstatt. Wir dürfen davon ausgehen, daß der Heilige Geist natürliche Talente transformieren und sie als geistliche Gabe verwenden kann. In diese Richtung weist eine Begebenheit aus dem Alten Testament. Von Bezalel heißt es in 2. Mose 31,1ff.: „... und habe ihn erfüllt mit dem Geist Gottes, mit Weisheit und Verstand und Erkenntnis und mit aller Geschicklichkeit, kunstreich zu arbeiten in Gold, Silber, Kupfer; kunstreich Steine zu schneiden und einzusetzen und kunstreich zu schnitzen in Holz, um jede Arbeit zu vollbringen." Gott nahm die künstlerischen Fähigkeiten dieses Mannes und stellte sie in seinen Dienst zum Bau der Stiftshütte. Nicht jede natürliche Gabe wird automatisch in der Wiedergeburt zu einer Geistesgabe. Oft knüpft aber der Heilige Geist bei den natürlichen Gaben eines Menschen an und wandelt sie in geistliche Gaben um. Sie bekommen dadurch eine neue Qualität, und sind vom Heiligen Geist beschlagnahmte Gaben, die fortan dem Wachstum des Leibes Christi mit seinen Gliedern dienen.

Zusammenfassung

Der unvergleichliche Reichtum der Gemeinde besteht darin, daß sie eine Schöpfung des Heiligen Geistes ist, in der Gott-Vater und Gott-Sohn wohnen (Jo 14,23). Was sich im Reich Gottes sichtbar verwirklichen wird – „Siehe da, die Hütte Gottes bei den Menschen! Und er wird bei ihnen wohnen ..." (Offb 21,3) –, das ist schon heute verborgene Gegenwart in der Gemeinde. Zusätzlich zu dieser persönlichen Gemeinschaft, beschenkt der Heilige Geist die Gemeinde überreich mit Charismen ganz unterschiedlicher Art. Sie bilden die Dienstausrüstung, damit sie ihren Auftrag erfüllen kann. Die geistlichen Gaben gleichen Bodenschätzen, die unerschöpfliche Energien enthalten. Geistliche Energiekrisen und Wachstumsstörungen treten immer dann auf, wenn der geschenkte Reichtum weder entdeckt noch gehoben und benutzt wird.

Zweck und Ziel der geistlichen Gaben

Warum hat der Heilige Geist die Gemeinde Jesu so reich mit Charismen beschenkt? Der Geber der Gaben selbst hat festgelegt, wozu sie bestimmt sind.

Die Charismen sind zum *Nutzen* gegeben (1 Ko 12,7). Wenn Paulus diesen Begriff (*sympheron*) gebraucht, hat er nicht den eigenen, sondern vorwiegend den Nutzen des anderen im Auge. Charismen sind zum Wohl der Gemeinde gegeben. Sie haben dienende

Funktion, sind also insgesamt Dienstgaben. Der Geist teilt sie nicht aus, damit die Empfänger sie zum eigenen Nutzen anwenden. Was der Selbsterbauung dient, ist letztlich kein Charisma. Was zur Selbstdarstellung mißbraucht wird, ist Raub an Gottes Ehre.

Petrus unterstreicht diesen Zweck der Gaben mit den Worten: „Und dient einander, ein jeder mit der Gabe, die er empfangen hat." (1 Pt 4,10)

Die Charismen sind vom Geist gegeben, damit die Gemeinde *aufgebaut* wird (1 Ko 14,12). Die Gemeinde ist keine fertige, bereits vollendete Größe. Sie ist auf dem Weg zum Ziel. Sie muß ständig wachsen und auferbaut werden. Siebenmal gebraucht Paulus in 1. Korinther 12 bis 14 das Wort *oikodomein*, um auszudrücken, wie bedeutungsvoll Charismen für den Gemeindeaufbau sind. Sie gleichen Werkzeugen, mit denen die Gemeinde in jeder Hinsicht gebaut, gefestigt und gefördert werden kann: im Einssein, in der Erkenntnis und Liebe, im glaubens- und zahlenmäßigen Wachstum.

Als weiteren Zweck der geistlichen Gaben nennt Paulus: „Damit die Heiligen *zugerüstet* werden zum Werk des Dienstes. Dadurch soll der Leib Christi erbaut werden." (Eph 4,12) Charismen sind gegeben, um andere in der Gemeinde für ihre Aufgabe zuzurüsten. Das Prinzip heißt: Charismen durch Charismen fördern. Eine Person mit der Gabe der Evangelisation soll nicht nur Evangelisieren, sondern andere für diesen Dienst zurüsten. Ein Lehrer soll mit seiner Gabe nicht nur lehren, sondern andere unterweisen, daß sie selbst lehren können. Ein früher oft zitierter aber bis heute selten praktizierter Satz von Ellen G. White lautet:

„Wirkt ein Prediger an einem Ort, wo schon Menschen im Glauben stehen, dann soll er nicht zuerst danach trachten, Ungläubige zu bekehren, sondern Gemeindeglieder zur Mitarbeit auszubilden."[1]

Zusammenfassend kann gesagt werden, daß die Charismen zum *Nutzen* für andere, zur *Auferbauung* und *Zurüstung* gegeben sind,

---

[1] White, Ellen G., *Diener des Evangeliums*, Internationale Traktatgesellschaft, Hamburg, ohne Jahreszahl, S. 174.

damit „jedes Glied das andere unterstützt nach dem Maß seiner Kraft und macht, daß der Leib wächst und sich selbst aufbaut in der Liebe" (Eph 4,16).

Wer empfängt geistliche Gaben?
Diese Frage löst häufig Unsicherheit aus. Mancher ist davon überzeugt, daß diejenigen Charismen erhalten, die bestimmte Ämter und Dienste ausüben: Älteste, Diakone, Gesprächskreisleiter und selbstverständlich Prediger. Weil sie entsprechende Gaben empfangen haben, sind sie für spezielle Aufgaben ausgewählt worden. Oder auch umgekehrt: weil sie in Aufgaben gerufen wurden, hat der Geist sie mit entsprechenden Gaben ausgerüstet. Dieser begrenzte Personenkreis hat Charismen, die Mehrzahl der Gemeindeglieder aber nicht. Sie brauchen auch keine, weil sie keine Aufgaben oder Dienste zu erfüllen haben.

Wo diese Einstellung vorherrscht, ist die Gemeinde in aktive und passive Glieder geteilt, in Handelnde und Zuschauer. Die Gemeinde gliche dann – bildlich gesprochen – einem Fußballstadion. Zweiundzwanzig Akteure plus Schiedsrichterteam bewegen und verausgaben sich auf dem Spielfeld. Die anderen sitzen, schauen zu, beobachten, klatschen Beifall oder kritisieren. Eine Gemeinde, die in dieser Einstellung lebt und verharrt, kann kein Wachstum erleben. Sie entspricht jedenfalls nicht der neutestamentlichen Vorstellung von Gemeinde.

Im Neuen Testament gibt es viele Bildvergleiche, die das Wesen der Gemeinde zum Ausdruck bringen. Am häufigsten wird sie der „Leib Christi" genannt (Eph 1,22.23). Ein Leib ist ein Organismus, der aus vielen Teilen besteht. Jedes Organ hat seine spezifische Aufgabe. Kein Körperglied ist überflüssig oder inaktiv. Auffallend ist, daß Paulus in den drei Abschnitten, in denen er über die Charismen spricht, auch das Bild des Leibes gebraucht. In seinem Denken gehören der Leib Christi, die Gemeinde also, und die Charismen eng zusammen:

„Denn wie wir an einem Leib viele Glieder haben, aber nicht alle Glieder dieselbe Aufgabe, so sind wir viele ein Leib in Christus, aber untereinander ist einer des anderen Glied und haben verschiedene Gaben nach der Gnade, die uns gegeben ist." (Rö 12,4-6)

„Denn wie der Leib *einer* ist und doch viele Glieder hat, alle Glieder des Leibes aber, obwohl sie viele sind, doch *ein* Leib sind: So auch Christus ... denn auch der Leib ist nicht *ein* Glied, sondern viele ... Ihr aber seid der Leib Christi und jeder von euch ein Glied." (1 Ko 12,12.14.27)

Paulus argumentiert in zweifacher Weise: Wie jedes Organ des Körpers *eine* Funktion hat, so auch jedes Glied des Leibes Christi. Wie jedes Körperorgan aber *seine besondere*, von anderen unterschiedene Aufgabe hat, so ist jedem mit seiner Gabe eine andere Aufgabe zugedacht. Mit unserm Ohr können wir keine Türen öffnen und mit unsrer Hand nicht hören.

Jedes Organ des Körpers ist dazu geschaffen, seine besondere Aufgabe zu erfüllen. Dazu kommt, daß jedes Körperglied von den anderen abhängig ist und ohne sie nicht existieren kann. Die Nase ist auf das Auge angewiesen, damit die Füße den richtigen Weg finden. Wenn die Augen nicht funktionieren, wird sich die Nase immer wieder wundstoßen.

Das Neue Testament bringt auch ohne bildhaften Vergleich zum Ausdruck, daß jeder zur Gemeinde gehörende Christ ein Charisma vom Heiligen Geist erhalten hat. Die vier Kapitel, in denen die Geistesgaben aufgezählt werden, enthalten dazu direkte Aussagen:

„Denn ich sage durch die Gnade, die mir gegeben ist, *jedem unter euch,* daß niemand mehr von sich halte, als sich's gebührt zu halten, sondern daß er maßvoll von sich halte, *ein jeder*, wie Gott das Maß des Glaubens ausgeteilt hat ... und haben verschiedene Gaben nach der Gnade, die uns gegeben ist ..." (Rö 12,3-6)

„Dies alles aber wirkt derselbe eine Geist und teilt einem *jeden* das Seine zu, wie er will." (1 Ko 12,11)

„Einem *jeden aber von uns* ist die Gnade gegeben nach dem Maß der Gabe Christi." (Eph 4,7)

„Und dient einander, *ein jeder* mit der Gabe, die er empfangen hat, als die guten Haushalter der mancherlei Gnade Gottes." (1 Pt 4,10)

Der griechische Text gibt die kursiv geschriebenen Wörter entweder mit *pas* oder *hekastos* wieder, was *jeder einzelne* bedeutet. Nach diesen Textaussagen müssen folgende Fakten festgehalten werden: Jeder wiedergeborene Christ, ob Mann oder Frau, jung oder alt, hat wenigstens ein Charisma empfangen, unabhängig davon, ob er seine Gabe erkannt hat oder nicht. Kein Christ macht dabei eine Ausnahme. Niemand kann und darf sagen, daß er vom Heiligen Geist bei der Gabenausteilung übersehen worden ist. Viele Gemeindeglieder haben mehr als ein Charisma empfangen, etwa eine Kombination mehrerer Gaben. Die machen ihre unverwechselbare geistliche Persönlichkeit aus. Aber kein Gemeindeglied vereint in sich alle Gaben. Deshalb wird jeder in der Gemeinde mit seinem Charisma oder seiner Gabenkombination gebraucht. Besteht eine Gemeinde aus fünfzig bekehrten Personen, dann gibt es in ihr fünfzig Gabenträger. So reich hat der Heilige Geist die Gemeinde beschenkt. Wer ihr aber seine geistliche Gabe vorenthält, entweder aus Unwissenheit oder Trägheit, behindert ihr Wachstum und macht sie ärmer.

Welche Schlußfolgerungen ergeben sich aus der Tatsache, daß jeder wiedergeborene Christ mindestens eine geistliche Gabe erhalten hat?

Wenn jeder in der Gemeinde ein Charisma oder eine Kombination von Gaben erhalten hat, dann ist jeder ein charismatischer Christ. Weil der Heilige Geist jede Gemeinde mit einer Vielzahl von geistlichen Gaben ausgerüstet hat, ist jede Gemeinde eine charismatische Gemeinde. Entscheidend ist, daß sie den Reichtum in ihrer Mitte erkennt und mit den geistgewirkten Gaben arbeitet.

Jeder ist für die Gabe verantwortlich, die ihm verliehen worden ist. Keiner ist zuständig für Gaben, die er nicht empfangen hat. Gott erwartet nicht, daß ich Aufgaben übernehme, für die mir keine geistliche Gabe zugeteilt wurde. Er erwartet aber, daß jeder darum bemüht ist, sein Charisma zu erkennen und zur Ehre Gottes in die Gemeinde einzubringen. Petrus fordert uns auf, daß wir mit den uns verliehenen Gaben „einander als gute Haushalter dienen" sollen (1 Pt 4,10). Ellen G. White sagt dazu: „Nicht benutzte Gaben und

Gaben, die wir nicht erhalten haben, deren Dienst wir aber tun wollen, führen zu Kraftlosigkeit und Schwachheit."[1]

Wenn wir Gottes Wort ernst nehmen, müssen wir mit der Tatsache rechnen, daß der Heilige Geist jede Gemeinde mit den Charismen ausstattet, die zum gesunden Wachstum notwendig sind. Ziel einer Gemeinde sollte sein, solche Personen in Aufgaben, Dienste und Ämter zu rufen, für die sie die entsprechenden Charismen erhalten haben. Übernehmen Gemeingliedern Aufgaben, für die ihnen die Gaben fehlen, leiden beide darunter, die Gemeinde und die Betreffenden selbst. Das führt zu Enttäuschungen und entmutigt. Wer aber aufgrund seiner Gaben bereit ist, Dienste und Aufgaben anzunehmen, wird durch seine Mitarbeit Freude und Erfüllung finden. Bei allem, was wir gesagt haben, müssen wir allerdings dafür offen bleiben, daß der Heilige Geist in seiner Freiheit einen Menschen auch dann gebrauchen und ausrüsten kann, wenn er im Glauben einen Dienst übernommen hat, ohne dafür eine erkennbare Gabe zu haben.

Vom Mißbrauch geistlicher Gaben

Geistliche Gaben können mißbraucht werden. Das ist eine Gefahrenquelle, die wir kennen müssen, um nicht in Schwierigkeiten zu geraten. Gedacht ist hier an Gabenverherrlichung, Gabenwertung, Gabenprojektion.

1. Gabenverherrlichung ist gefährlich. Sie entsteht dort, wo Charismen klassifiziert, gewichtet und hierarchisch eingestuft werden. Wer die herausgehobenen Gaben besitzt, hat nach menschlicher Einschätzung einen höheren geistlichen Grad erreicht. Bestimmte Gaben werden zum Statussymbol, sozusagen zum geistlichen Markenzeichen. Wo das geschieht, werden sie zum Selbstzweck. Der Gabenträger wird verherrlicht aber nicht der Gabengeber. Daraus erwachsen Stolz, Selbstgefälligkeit und Überheblichkeit. Sogar Machtmißbrauch ist möglich bis hin zum Manipulie-

---

[1] White, Ellen G., *Selected Messages,* Bd. 1, Review and Herald Publishing Association, Washington, D.C., 1958, S. 127.

ren von Menschen. Die Korinther waren in diese Falle geraten. Deshalb schrieb Paulus die Kapitel 12 bis 14 des ersten Korintherbriefes, um sie wieder auf den richtigen Weg zu führen.

2. Aus dieser Gefahr kann sich eine weitere ergeben. Gemeindeglieder vergleichen ihre Gaben mit denen von anderen. Minderwertigkeit entsteht, weil andere scheinbar wertvollere Gaben haben. Wenn wir Gaben unterschiedlich bewerten, z. B. denen, die im Gottesdienst sichtbar und hörbar sind, eine höhere Rangordnung geben als denen, die im Verborgenen wirken, entstehen negative Gefühle bei denen, die diese Gaben nicht haben. Gabenwertung lähmt die Mitarbeit und behindert das Wachstum der Gemeinde. Alle Charismen sind gleichwertig, weil alle von einem Geber kommen. Ihr Wert liegt nicht in der Gabe an sich, sondern in ihrem Ursprung und in dem Segen, der entsteht, wenn sie zur Verherrlichung Jesu gebraucht wird.

3. Die dritte Gefahr kann mit dem Begriff „Gabenprojektion"[1] beschrieben werden. Mitunter begegnen wir Menschen, die wunderbare Gebetserhörungen, Glaubens- und Missionserfahrungen erlebt und darüber berichtet haben. Oder wir lesen Biographien von Christen, die Außergewöhnliches vollbracht haben. Der Eindruck wird vermittelt, daß diese Glaubenshelden deshalb zu solchen Leistungen fähig waren, weil sie eine enge Verbindung mit Gott hatten. Jeder könnte das gleiche wie sie tun, wenn er Gott genauso lieben würde wie sie. Ist man dazu aber nicht imstande, muß etwas in der Beziehung zu Gott nicht stimmen. Nach dem Lesen von Biographien dieser Art ist man einerseits beeindruckt, andererseits aber unzufrieden, hat ein schlechtes Gewissen und fühlt sich niedergeschlagen. Gabenprojektion wirkt sich immer destruktiv aus. Was meistens in den Berichten verschwiegen wird, ist die Tatsache, daß diese Personen bestimmte Charismen oder Gabenkombinationen hatten, die sie zu solchen Erfahrungen befähigten. Gabenprojektion ist eine Falle, vor der wir auf der Hut sein müssen.

---

[1] Wagner, C. Peter, *Die Gaben des Geistes für den Gemeindeaufbau*, Schriftenmissionsverlag, Neukirchen-Vluyn, 1987, S. 27-30.

AUF DEN SPUREN DES HEILIGEN GEISTES

Wenn ich nicht die Gaben habe, die diese Frauen und Männer hatten, erwartet Gott auch nicht von mir, daß ich ähnliches vollbringe wie sie. Wichtig ist, daß jeder, der in den Leib Christi integriert ist, sein Charisma erkennt und sich mit seiner Gabe der Gemeinde zu Verfügung stellt.

Charismen erkennen, einsetzen und entwickeln

In vielen Ortsgemeinden gibt es Männer und Frauen, die mit ihren Geistesgaben arbeiten und Zeit und Kraft für den Aufbau ihrer Gemeinde einsetzen. Wenn sie gefragt werden, welche Charismen ihnen verliehen worden sind, wird mancher verlegen und schweigt. Sie können ihre Gaben nicht identifizieren und benennen, setzen sie aber zum Wohle für andere ein. Neben dieser aktiven Gruppe gibt es Gemeindeglieder, die weder mitarbeiten noch wissen, daß sie Gaben empfangen haben, und welche es sind. Warum ist es für alle so bedeutsam zu erkennen, welche Geistesgaben ihnen verliehen worden sind?

Wer seine Gabe erkannt hat, wird ein gesundes geistliches Selbstbewußtsein entwickeln. Er wird nicht neidisch oder enttäuscht auf andere und ihre Gaben schauen. Wer entdeckt hat, daß sein Charisma die Gabe des Helfens, des Gebens oder der Barmherzigkeit ist, wird sich nicht minderwertig vorkommen, wenn er nicht lehren oder predigen kann. Und wer begriffen hat, daß er die Gabe der Leitung und Organisation hat, wird keine falschen Schuldgefühle haben, wenn er kein Bibelgespräch leiten kann. Ihm wird bewußt, daß die Gemeinde nicht nur für ihn wichtig ist, sondern daß er auch für die Gemeinde wichtig ist und gebraucht wird. Das hat nichts mit geistlicher Arroganz zu tun. Wer Jesus und seine Gemeinde liebt, wird nicht stolz, wenn er seine Gaben erkennt, sondern dankbar. Er weiß, daß er Anteil an der Siegesbeute des gekreuzigten und auferstandenen Christus hat. Die erkannten Gaben weisen den Weg in die Aufgaben. Auf diese Weise kann jeder seinen Platz in der Gemeinde finden.

GEISTESGABEN UND GEISTESFRUCHT

Wer sich auf die Suche macht, um seine Charismen zu entdecken, muß sich über seine Motive im klaren sein. Warum will ich eigentlich wissen, welche Geistesgaben ich habe? Verschiedene Gemeinde haben Gabenseminare durchgeführt, oft verbunden mit Gabentests. Nachdenklich macht, daß sich danach im Gemeindeleben kaum etwas verändert hat. Vielleicht fehlte der Gemeinde ein klares Konzept für Gemeindewachstum. Vielleicht wollte mancher nur neugierig herausfinden, welche Gaben er empfangen hat, um sich selbst besser kennenzulernen. Vielleicht sind auch die betreffenden Gemeindeglieder in dem weiteren Prozeß der Gabenfindung sich selbst überlassen geblieben. Gabenseminare, die nicht zielgerichtet weitergeführt werden, sondern mehr Selbstzweck sind, bringen keine Gemeinde voran.

Gabensuche ist ein geistlicher Prozeß, für den man oft einen langen Atem braucht. Nur derjenige sollte sich auf diesen Weg machen, der bereit ist, sich selbst einzubringen, Zeit und Kraft zu investieren, um der Gemeinde zu dienen. Wo diese Bereitschaft fehlt, wird die Suche nach geistlichen Gaben zur unverbindlichen Spielerei und sollte besser unterbleiben, um den Geber der Gaben nicht zu betrüben (Eph 4,30).

Hilfen auf dem Weg der Gabenfindung

Wie können wir nun aber erkennen, welche Gaben wir empfangen haben? Gottes Wort enthält dafür keine fertige Anleitung. Dennoch können Hinweise gegeben und Hilfen angeboten werden.

Die erste Voraussetzung besteht darin, daß ich daran glaube, daß ich den Heiligen Geist empfangen habe, und daß er in mir wohnt. Diese Gewißheit bildet das Fundament für alles, was folgt. Zweitens muß ich davon überzeugt sein, daß der Geist Gottes jedem, der in die Gemeinde Jesu eingegliedert ist, also auch mir, Gaben gegeben hat, entweder eine oder mehrere. Drittens muß ich wissen, was Gottes Wort über die geistlichen Gaben sagt, und welche es gibt. Um mit Paulus zu sprechen, darf ich über die geistlichen Gaben nicht in Unwissenheit sein (1 Ko 12,1). Viertens wird jeder, dessen Motive aufrichtig und ehrlich sind, darum beten, daß

AUF DEN SPUREN DES HEILIGEN GEISTES

Gott ihm die Augen öffnet, damit er seine Gabe findet. Jakobus sagt: „Ihr habt nicht, darum daß ihr nicht bittet." (Jak 4,2) Und weiter: „Wenn es aber jemandem unter euch an Weisheit mangelt, so bitte er Gott, der jedermann gern gibt." (Jak 1,5) Da laut Gottes Wort jeder Gaben empfangen hat, dürfen wir von vornherein danken und gespannt sein, welche Gabe es wohl für mich sein mag. Fünftens sollten wir uns möglichst nicht allein auf den Weg der Gabensuche machen, sondern mit anderen Gläubigen darüber sprechen, besonders mit denen, die ihre Gaben schon entdeckt haben und sie anwenden. Gedanken- und Erfahrungsaustausch sind hilfreiche Begleiter in dem Prozeß der Gabenfindung. Geistlich reife Christen können in uns Gaben erkennen, lange bevor wir uns selbst ihrer bewußt werden. Gott möchte, daß wir unsere geistlichen Gaben kennen und für ihn einsetzen. Der Geber der Gaben steht jedem bei, der sich auf den Weg macht.

So wichtig diese fünf Schritte sind, um Charismen zu finden, der wichtigste ist noch nicht genannt. Im Grunde werden geistliche Gaben nicht anders ausfindig gemacht als die natürlichen Begabungen. Eine Person, die gute Gedichte schreibt, wäre nie auf den Gedanken gekommen, daß sie das kann, wenn sie nicht begonnen hätte, zu schreiben. Jemand, der Landschaften mit Farben festhalten kann, hätte seine Begabung nie entdeckt, wenn er nicht angefangen hätte, zu malen. Dabei ließ das erste gemalte Bild kaum etwas davon ahnen, wie beeindruckend die Bilder nach Jahren aussehen würden. Ebenso werden die geistlichen Gaben nicht anhand theoretischer Überlegungen gefunden. Nur wer bereit ist, anfallende Aufgaben in der Gemeinde zu übernehmen, dem wird der Heilige Geist zeigen, wo seine Möglichkeiten und Grenzen liegen. Beten allein öffnet nicht die Augen für empfangene Geistesgaben. Wer aber mitarbeitet und nicht vorschnell aufgibt, wird Entdeckungen machen. „Eine Gabe zu entdecken, erfordert volle Konzentration."[1]

Ein Gemeindeglied, das unter Anleitung einen Hauskreis übernimmt, wird im Laufe der Zeit herausfinden, ob es die Gabe dazu

---

[1] Wagner, C. Peter, a. a. O., S. 73.

GEISTESGABEN UND GEISTESFRUCHT

hat oder nicht. Wenn die Teilnehmer gern kommen, sich wohl fühlen, menschlichen und geistlichen Gewinn davon haben, und die neue Hauskreisleiterin selbst Freude in ihrem Dienst findet und darin wächst, dann hat sie ihr Charisma gefunden.

Wenn ein anderer im Gottesdienst die Gesprächsleitung einer Bibelschulgruppe übernimmt und ein Jahr durchhält, wird er erkennen, ob ihm dafür die Gabe geschenkt ist oder nicht. Sollte sich herausstellen, daß sie ihm fehlt, braucht er sich nicht als Versager zu fühlen. Er hat vielmehr entdeckt, daß ihm eine bestimmte Gabe nicht verliehen ist. Niemand sollte sich daraufhin enttäuscht zurückziehen, sondern eine andere Aufgabe anpacken, die neue Erfahrungen in der Gabensuche bereithält.

Der wichtigste Schritt, um seine Gaben zu finden, liegt in der Bereitschaft, Aufgaben zu übernehmen. Meistens entdecken wir unsere Charismen nicht am Anfang dieses Weges, sondern auf dem Weg oder an seinem Ende. Viele lassen sich die Chance entgehen, ihre Gaben zu finden, weil sie nicht bereit sind, sich für eine bestimmte Zeit an konkrete Aufgaben in der Gemeinde zu binden.

Natürlich gibt es Charismen, auf die dieses Prinzip nicht zutrifft. Bestimmte zeichenhafte Gaben unterliegen einer anderen geistlichen Gesetzmäßigkeit. Mit der Gabe, Wunder zu vollbringen, kann man schwerlich experimentieren. Auch die Gabe der Geisterunterscheidung ist nicht ausprobierbar. Wir dürfen um diese Gaben bitten, und der Heilige Geist wird sie schenken, wenn er es für nötig hält. Sie sind kein bleibender Besitz, über den man beliebig und eigenmächtig verfügen kann. Alle Wort- und Dienstgaben können aber auf dem Weg gefunden werden, von dem gerade die Rede war.

Gaben entfalten sich in der Mitarbeit

Entdeckte Gaben sind keine Zierstücke, über die wir uns lediglich freuen, sondern Werkzeuge, die einzusetzen sind. Wie natürliche Gaben entdeckt und entwickelt werden müssen, so ist es auch bei geistlichen Gaben.

Paulus ermutigt seinen jungen Mitarbeiter Timotheus: „Vernachlässige nicht die Gnadengabe in dir, die dir gegeben worden ist ..."

(1 Tim 4,14 EB). Wir sind nicht nur dafür verantwortlich, daß wir unsere Gaben suchen und finden, sondern auch, ob und wie wir sie entwickeln und fortbilden. Gaben entfalten sich, je mehr mit ihnen gearbeitet wird. Dazu zählen auch Weiterbildung, Schulungen und das Lesen von Fachbüchern. Ein Glied unseres Körpers, das nicht ständig gebraucht und herausgefordert wird, wird im Laufe der Zeit schwach und kraftlos. Charismen, die wir zwar erkannt haben, aber nicht in die Gemeinde einbringen, verkümmern und verlieren die Qualität einer Gnadengabe. Das einzige Mittel, um Gaben nicht verdorren oder absterben zu lassen, besteht darin, sie einzusetzen.

Charismen gleichen Samenkörnern, die klein anfangen, aber bei sachgemäßer Behandlung aufblühen und gedeihen. Wer seine geistlichen Gaben pflegt und entwickelt, wird Früchte sehen. Eine dieser Früchte ist die Freude. In der griechischen Sprache sind die beiden Begriffe Gabe (*charisma*) und Freude (*chara*) miteinander verwandt. Wenn wir die Gaben gebrauchen, die uns der Heilige Geist geschenkt hat, erleben wir Freude und Erfüllung. Deshalb hat Gottes Geist jedem in der Gemeinde Gaben gegeben, damit wir nicht nur mithelfen können, Gemeinde zu bauen, sondern daß wir Gott mit Freuden dienen (Ps 100,2).

Vater, Sohn und Heiliger Geist haben gemeinsam die Voraussetzungen geschaffen, daß jeder wiedergeborene Christ seinen Anteil am Bau der Gemeinde leisten kann. Insofern ist das Fußballstadion mit einer kleinen Zahl von Aktiven und der Masse passiver Zuschauer kein passendes Bild für die Gemeinde Jesu. Der angemessene Vergleich ist ein Orchester. In einem Orchester werden ganz unterschiedliche Instrumente gespielt. Es gibt Geigen und Celli, Trompeten und Posaunen, Flöten und Oboen, Harfe und Flügel, Pauken und Zimbeln und noch viele andere. Jeder Musiker spielt sein Instrument und seinen Part in der Komposition. Nichts anderes wird von ihm erwartet. Keiner ist ohne Funktion. Jedes Instrument ist wichtig, um die Klangfülle und Harmonie des musikalischen Werkes hörbar zu machen. Ebenso soll jeder in der Gemeinde Jesu sein Charisma einsetzen, „damit in allen Dingen Gott gepriesen werde durch Jesus Christus" (1 Pt 4,10).

GEISTESGABEN UND GEISTESFRUCHT

Zusammenfassung

Nachdem wir über den Reichtum, die Bedeutung und den Wert der geistlichen Gaben für das Wachstum der Gemeinde nachgedacht haben, stellen wir noch einmal die Frage: Welches Verhältnis besteht zwischen dem *Heiligen Geist als Gabe* und den *Gaben des Geistes*?

1. Die Gabe des Geistes ist eine Person, die sich zu uns in Beziehung setzt. Die Charismen sind Fähigkeiten und Begabungen, die Menschen als Geschenk des Heiligen Geistes empfangen, um aktiv am Bau der Gemeinde mithelfen zu können.

2. Mit der Gabe des Geistes bekommt der Mensch Anteil am Christusgeschehen und an der Gemeinschaft mit dem Vater und dem Sohn. Durch die Gaben des Geistes rüstet der Heilige Geist Menschen aus, konkrete Aufgaben in der Gemeinde erfüllen zu können.

3. Der Geist ist der Geber dieser Gaben, die Gaben dürfen aber nicht mit dem Geber verwechselt oder identifiziert werden. Der Heilige Geist gibt Gaben, aber die Gaben sind nicht der Heilige Geist.

4. Im Neuen Testament stehen nicht die Geistesgaben im Vordergrund, sondern ihr Geber. Die Glieder der Gemeinde müssen darauf achten, daß sie sich nicht auf ihre Charismen verlassen, sondern allein auf den Heiligen Geist und sein Wirken.

5. An der Anzahl von Gaben, die ein Mensch empfangen hat, ist nicht ablesbar, ob er voll Heiligen Geistes ist. Derjenige, der nur eine Gabe empfangen hat, hat keinen geringeren Anteil am Geist Gottes, als der mit einer Gabenkombination.

6. Der Heilige Geist ist der Garant der Einheit der Gemeinde (Eph 4,3.4), weil er in jedem Gläubigen wohnt. Durch die Charismen, die der Geist jedem Gläubigen gibt, kommt Vielfalt in die Gemeinde. „Die Gemeinde verdankt ihre Einheit der charis und ihre Vielfalt den Charismen."[1]

---

[1] Stott, John R. W., *Ich glaube an den Heiligen Geist*, Schriftenmissions-Verlag, Neukirchen-Vluyn, 1986, S. 78.

7. An den Charismen ist nicht ablesbar, ob jemand in der Fülle des Heiligen Geistes lebt. Allein die Frucht des Geistes offenbart, ob ein Mensch voll Geistes ist.

Die Geistesfrucht – ein Weg, weit über die Gaben des Geistes hinaus

Im zwölften Kapitel des ersten Korintherbriefes hat Paulus den Reichtum und die Vielzahl geistlicher Gaben entfaltet. Zugleich hat er auf Gefahrenpunkte aufmerksam gemacht, die mit den Charismen verbunden sind. Die Gefahren liegen nicht in den Gaben selbst, sondern in den Menschen.

Paulus schließt seinen Gedankengang mit einer überraschenden Wendung ab: „Und ich will euch einen noch besseren Weg zeigen." (1 Ko 12,31). Ein anderer Übersetzer gibt diesen Satz mit den Worten wieder: „Und einen Weg noch weit darüber hinaus will ich euch zeigen."[1] Damit sagt der Apostel der Gemeinde: Ich habe euch gezeigt, wie bedeutungsvoll und wichtig die Charismen sind. Strebt nach ihnen. Setzt sie ein, damit die Gemeinde keinen Mangel hat. Ich kenne aber etwas, das noch wichtiger ist als alle Charismen zusammen. Und dann schreibt er das unübertroffene dreizehnte Kapitel, das Lied der Liebe. Die Liebe gehört nicht zu den *Gaben des Geistes*. Deshalb ist sie auch nicht die größte Geistesgabe. Sie bildet vielmehr die *Frucht des Geistes*, die von Paulus in Galater 5,22 entfaltet wird: „Die Frucht aber des Geistes ist Liebe, Freude, Friede, Geduld, Freundlichkeit, Güte, Treue, Sanftmut, Keuschheit ..."

In seinem Lobpreis der Liebe vergleicht Paulus die Gaben des Geistes mit der Frucht des Geistes. In den ersten drei Versen stellt er die Wort-, Wunder- und Dienstgaben *dem* Merkmal der Geistesfrucht, der Liebe, gegenüber.

In freier Wiedergabe lautet der Text so: „Wenn ich alle Wortgaben in mir vereinte, selbst die Sprache der Engel spräche, hätte

---

[1] Wendland, Heinz-Dietrich, *Das Neue Testament Deutsch, Die Briefe an die Korinther*, Vandenhoeck & Ruprecht, 1954, S. 103.

GEISTESGABEN UND GEISTESFRUCHT

aber keine Liebe als Frucht des Geistes, so gliche ich einem tönenden Gong oder einer lärmenden Pauke, die viel Geräusche machen aber nichts bewirken."

Im zweiten Vers setzt Paulus bei den zeichenhaften Gaben an. „Wenn ich die Gabe der Prophetie hätte, alle Geheimnisse Gottes wüßte und sogar erklären könnte; wenn ich einen Glauben hätte, der große Wundertaten vollbringt und Berge versetzt, hätte aber nicht die Frucht des Geistes, die Liebe, ein Nichts wäre ich."

Im dritten Vers nennt er die Dienstgaben. „Wenn ich die Gabe des Gebens hätte, meinen ganzen Besitz an Arme verschenkte, wenn ich mich gänzlich aufopfern würde und als Märtyrer stürbe, hätte aber nicht die Liebe, nichts würde es mir nützen, alles wäre umsonst."

Das Ergebnis des Vergleichs beider Wirkungsweisen des Heiligen Geistes heißt: Zwischen den Gaben und der Frucht des Geistes besteht ein tiefgreifender Unterschied. Wer seine Charismen einsetzt, ohne daß sein Wirken von der Liebe durchdrungen und getragen ist, gleicht „einer klingenden Schelle". Was er tut, wäre „nichts nütze", und er selbst ein „Nichts".

Den Begriff „Frucht des Geistes" (*karpos tou pneumatos*) hat Paulus selbst geprägt (Gal 5,22). Im Unterschied zu den Gaben des Geistes benutzt er die Frucht-Metapher in der Einzahl. Für die Charismen ist die Vielzahl geradezu kennzeichnend: viele Gaben, verschiedenartige Gaben, unterschiedlich aufgeteilt. Die Geistesfrucht dagegen bildet immer eine Einheit. Sie ist nicht teilbar.

Die Charismen teilt der Geist zu, wie er will. Das kann von der Geistesfrucht nicht gesagt werden. Der Geist teilt sie nicht unterschiedlich aus: dem einen etwas Liebe, dem anderen Freude, einem dritten Geduld und Sanftmut, danach Freundlichkeit und schließlich noch einen Schuß Selbstbeherrschung. Eine Frucht wächst und reift entweder als Ganzes oder sie verkümmert.

Durch die Charismen ist jeder Gläubige vom anderen unterschieden. Mit der Frucht des Geistes hat jeder die gleiche Möglichkeit erhalten, um geheiligt zu werden. In der Wiedergeburt legt Gottes Geist den Samen, der die ganze Frucht enthält, in das Personenzentrum jedes Menschen. Wer dem Wirken des Geistes Raum gibt, sich von ihm füllen läßt, wird erleben, daß die ganze Frucht heranwächst.

Der Prozeß des Wachstums wird in der Bibel Heiligung genannt, die lebenslang anhält. Der neue Mensch in Jesus Christus, das ist die Frucht des Heiligen Geistes, Gottes Werk an uns und in uns.

Worin unterscheiden sich die Geistesgaben von der Geistesfrucht?

Nachdem Paulus in 1. Korinther 13,4-7 die Liebe als den Weg beschrieben hat, der weit über die Gaben des Geistes hinausführt, kommt er nochmals auf die Charismen zurück. Er beschreibt den tiefgreifenden Unterschied, der zwischen den Geistesgaben und der Geistesfrucht besteht.

Sein Gedankengang geht auf einen letzten Höhepunkt zu, indem Gaben und Frucht in das Licht des *Eschaton*, der letzten und zukünftigen Ereignisse, gestellt werden.

Die Gaben des Geistes haben ein Ziel. Ihr Wirken ist zeitlich begrenzt. Eines Tages werden sie außer Kraft gesetzt. „Das prophetische Reden wird aufhören und das Zungenreden wird aufhören und die Erkenntnis wird aufhören." (1 Ko 13,8)

Alle Charismen sind für die Gemeinde bedeutungsvoll, solange sie noch unterwegs ist. Ist sie am Ziel, verlieren sie ihre Bedeutung, weil sie nicht mehr gebraucht werden. Die Charismen sind vergänglich. Die Liebe aber als Frucht des Geistes ist unvergänglich. „Sie hört niemals auf." Ihrem Wesen nach überdauert die Liebe alles Vergängliche und umfaßt Zeit und Ewigkeit. Sie „fällt nicht, geht nie zugrunde" (V. 8), sie „bleibt" und übertrifft selbst „Glaube und Hoffnung" (V. 13).

Die Gaben des Geistes zählen zum „Stückwerk", sind bruchstückhaft, gehören zum Unvollkommenen. „Denn unser Wissen ist Stückwerk, und unser prophetisches Reden ist Stückwerk." (V. 9.10) Sie können nur Teile vermitteln, nie das Ganze. Das unartikulierte Lallen des Kindes oder das fehlerhafte Sehen im grobgeschliffenen Spiegel sind treffende Vergleiche für ihre Unzulänglichkeit (V. 11.12). Die Charismen dienen zwar dem Bau der Gemeinde, wenn

GEISTESGABEN UND GEISTESFRUCHT

der Bau aber vollendet ist und das Vollkommene kommt, sind sie überflüssig geworden. Am Tag der Wiederkunft Jesu wird das Stückwerk vom Vollkommenen abgelöst. Die Frucht des Geistes dagegen hat keinen Stückwerkcharakter. Sie bleibt, denn sie ist heute schon unser Anteil am Vollkommenen und führt uns in die Vollkommenheit des Reiches Gottes.

Zwischen den Gaben und der Frucht des Geistes besteht nicht nur eine unterschiedliche Wirkungsdauer. Hinzu kommt der Unterschied in ihrer Eindeutigkeit. Charismen sind mehrdeutig. Sie können von Menschen mißbraucht und von Satan nachgeahmt werden. Das trifft besonders auf die wunderwirkenden Gaben zu.

Jesus hat darauf hingewiesen, daß das Vollbringen von Wundern in seinem Namen kein Beweis göttlichen Wirkens sein muß (Mt 7,15-23). Die Frucht des Geistes dagegen ist eindeutig. Satan kann sie nicht nachmachen. Sie ist das Erkennungszeichen des Wiedergeborenen. „An ihren Früchten sollt ihr sie erkennen." (Mt 7,16) Die Liebe als Frucht des Geistes hat ihren Ursprung in Gott, und kann deshalb nicht nachgeahmt oder mißbraucht werden. Durch sie entfalten sich in uns das Leben und der Charakter Jesu.

Zusammenfassend kann gesagt werden: Die Geistesgaben bilden die Ausrüstung der Kinder Gottes für den Dienst in der Gemeinde und an der Welt. Die Geistesfrucht ist ihre Zurüstung für den Himmel, denn „ohne die Heiligung wird niemand den Herrn sehen" (Hbr 12,14).

Die Gaben sind Geschenke, die der Heilige Geist austeilt. In der Frucht des Geistes verschenkt sich der Heilige Geist mit seinem Wesen selbst an uns. In den Gaben offenbart sich der Geist mittelbar, in der Frucht unmittelbar. Mit den Gaben wirkt er durch Menschen. Die Frucht aber wirkt der Heilige Geist im Menschen. Nicht in den Gaben, sondern in der Frucht offenbart sich die Fülle des Geistes.

Diese Gegenüberstellungen unterstreichen, daß die Frucht des Geistes der Weg ist, der weit über die Gaben hinausführt. Die Charismen werden damit nicht abgewertet, sondern heilsgeschichtlich richtig eingeordnet.

AUF DEN SPUREN DES HEILIGEN GEISTES

Welche Beziehungen bestehen zwischen den Gaben und der Frucht des Geistes?

Paulus weist zwar auf die qualitativen Unterschiede zwischen Gaben und Frucht des Geistes hin, aber er spielt sie nicht gegeneinander aus. Ihm geht es darum zu zeigen, in welcher Beziehung sie zueinander stehen trotz ihrer unterschiedlichen Wertigkeit.

Sowohl die Gaben als auch die Frucht haben einen gemeinsamen Ursprung. Der Heilige Geist ist der Geber der Gaben und er wirkt die Frucht. Wenn beides Geschenke des Geistes sind, dann gehören sie zusammen, auch wenn beiden je eine andere Aufgabe zugeordnet ist.

Beide Ausprägungen des Heiligen Geistes erhält der mit Gott Versöhnte von Anfang an. In der Wiedergeburt empfangen wir die Charismen und die Frucht des Geistes. Am Beginn des Glaubensweges versiegelt uns Gottes Geist (Eph 1,13), und gießt die Liebe Gottes in unsere Herzen aus (Rö 5,5).

Wie die Gaben des Geistes entwickelt werden müssen, indem sie eingesetzt werden, so muß auch der ganzen Frucht des Geistes, die zunächst als Knospe vorhanden ist, der geistliche Nährboden gegeben werden, damit sie wächst und heranreift. Beide Wesenheiten des Geistes unterliegen einem lebenslangen Wachstumsprozeß.

Gaben und Frucht sind aufeinander angewiesen und müssen aufeinander bezogen bleiben. Jede Trennung verursacht heillosen Schaden. „Einseitigkeit im Blick auf die Geistesfrucht führt zu Introvertiertheit, Isolation und selbstherrlichem Individual-Christentum. Einseitigkeit im Blick auf die Geistesgaben ohne die Kontrollfunktion der Liebe bringt Überheblichkeit oder Resignation."[1]

Die enge Verknüpfung zwischen Frucht und Gaben wird in 1. Korinther 13 herausgestellt. Die Charismen müssen von der Liebe gesteuert werden und in der Frucht eingebettet bleiben. Gaben werden nur dann von „Nutzen" sein, d. h. zum Bau der Gemeinde dienen, wenn sie aus der Liebe heraus praktiziert werden (1 Ko

---

[1] Lohrmann, Walter, *Frucht und Gaben des Heiligen Geistes*, Brunnen Verlag, Gießen, 1978, S. 61.

13,1-3). Ohne Liebe führen sie zu Problemen in der Gemeinde und verursachen Schaden.

Die Frucht des Geistes muß den Gaben des Geistes immer vor- und übergeordnet bleiben. Wer den biblischen Maßstab umkehrt und in den Gaben das Besondere und Außergewöhnliche sieht, öffnet die Tür für Streit und Spaltungen. Die Gemeinde zu Korinth ist dafür ein warnendes Beispiel.

Frucht und Gaben gehören zusammen wie Liebe und Dienst. Wahre Liebe drückt sich immer im Dienen aus, und der Dienst wird durch die Gaben gefördert, die wir empfangen haben. Nur in Liebe ausgeübte Gaben dienen ihrem eigentlichen Zweck.

„Das Gebot der Stunde kann nur sein, die unlösbare Verbindung von Frucht und Gaben des Geistes, ihre unterschiedliche Wertigkeit und gegenseitige Ergänzungsbedürftigkeit neu zu sehen und in gemeindliche Praxis zu transformieren. Denn beide Ausprägungen des Heiligen Geistes ergänzen, durchdringen und bedingen sich gegenseitig. Beide sind unentbehrlich für eine glaubwürdige Gestalt der Gemeinde Jesu, für ihren entscheidenden Dienstauftrag in der Sammlung und Vertiefung der Glaubenden im Wort und in der Bruderschaft und in der Sendung der Glaubenden hinaus in eine Welt, die darauf angewiesen ist, daß ihr das Heil glaubhaft in Wort und Tat bezeugt wird."[1]

---

[1] Lohrmann, Walter, a. a. O., S. 64.

Kapitel 7

Heiliger Geist und Adventhoffnung

Gottes Geist umfaßt unsere Vergangenheit, Gegenwart und Zukunft

Der Heilige Geist durchwirkt nach den Worten Jesu unsere ganze Zeit, beginnend mit der Geistausgießung zu Pfingsten bis zum Tag der Wiederkunft Jesu. „Ewig", für immer bleibt er bei den Nachfolgern Jesu und wohnt in ihnen (Jo 14,16). In „der Fülle der Zeit" (Gal 4,4), als die Zeit „ganz gefüllt" war (Apg 2,1)[1], begann der ewige Geist Gottes unsere Zeit zu erfüllen. Er durchdringt die Vergangenheit, Gegenwart und Zukunft.

Zunächst wirkt er hinein in die Zeit, die für uns vergangen ist, an der wir nichts mehr ändern können. Er ist imstande, unsere Vergangenheit zu ordnen. Alles Belastende, den Schutt von gestern, unsere Altlasten, die nicht mehr zu beseitigen sind, alles räumt Gottes Geist vollständig weg. Er schenkt die Gewißheit, daß Christus durch sein Leben, Sterben und Auferstehen all unser Versagen getilgt, unsere Schuld ausgelöscht hat. Unsere Vergangenheit ist in Christus wirklich vergangen. Sie kann uns vor Gott nicht mehr einholen.

Zugleich und gleicherweise umfaßt Gottes Geist unsere Gegenwart. Er wirkt in uns eine neue Schöpfung, den neuen Menschen in

---

[1] Siehe Ausführungen auf Seite 67ff.

Jesus Christus (2 Ko 5,5; Kol 3,10). Er befreit aus allen Bindungen und schenkt die Gotteskindschaft (Gal 4,4-6). Er wohnt in uns und heiligt uns in seiner Kraft (1 Th 5,23). Er gliedert uns in den Leib Christi, in seine Gemeinde ein (1 Ko 12,13) und rüstet uns mit Charismen aus.

Durch den Heiligen Geist ist die neue Welt Gottes in unsere Weltzeit eingebrochen und Gegenwart geworden. Gottes neue Welt wird überall dort offenbar, wo Menschen im Glauben an Jesus leben und in echter Gemeinschaft miteinander verbunden sind. Befreit von der Last der Vergangenheit schmecken wir durch den Geist Gottes in unserer Gegenwart „die Kräfte der zukünftigen Welt" (Hbr 6,4.5). Gottes Geist vermittelt nicht nur Hoffnung auf die zukünftige Welt, er bringt Gottes Zukunft in unsere Gegenwart.

Der Heilige Geist ist seinem Wesen nach ein Geist der Hoffnung. Bereits im Alten Testament bricht überall dort lebendige Hoffnung auf, wo er gegenwärtig ist und wirkt. Das hoffnungslose Tohuwabohu wird durch seine Kraft in eine sehr gute, harmonische, zweckbestimmte Schöpfung verwandelt (1 Mo 1,2.31).[1] Die in der Richterzeit von Feinden bedrängten und zerrissenen Stämme Israels schöpfen durch das Eingreifen des Geistes immer wieder Hoffnung und Zuversicht.[2] In den Verheißungen der Propheten wird ein vermehrtes Geistwirken angekündigt, das „Zukunft und Hoffnung" vermittelt (Jer 29,11 EB). Wo der Geist wie Regen herabkommt, fängt die Wüste an zu blühen (Jes 32,15; 44,3). Das sind Bilder, die Hoffnung ausstrahlen und Lichtblicke vermitteln.

Wie die Geistverheißungen des Alten Testaments in eine hoffnungsvolle Zukunft weisen und sich in der Person Jesu und mit der Geistausgießung zu Pfingsten erfüllen, so enthält wiederum das Wirken des Geistes im Neuen Testament in die Zukunft weisende Hoffnungsspuren, die in die Parusie Jesu einmünden. Diesen Hin-

---

[1] Der hebräische Begriff *tob*, den Luther mit „gut" übersetzt, hat einen weiten Bedeutungshorizont: „schön, zweckmäßig, angenehm, harmonisch, freundlich, gut". Claus Westermann, *Genesis*, Biblischer Kommentar I, Neukirchen-Vluyn, 1974, S. 228.229.

[2] Siehe Ausführungen auf Seite 27ff.

weisen des Geistwirkens, die mit Zukunft und Hoffnung angefüllt sind, gilt abschließend unsere Aufmerksamkeit.

Der Heilige Geist ist die gegenwärtige „Anzahlung" unserer zukünftigen Erlösung

Paulus gebraucht in seinen Briefen Worte und Begriffe für den Heiligen Geist, die Hoffnung signalisieren und in die Zukunft weisen: „In ihm seid auch ihr, als ihr gläubig wurdet, versiegelt worden mit dem heiligen Geist, der verheißen ist, welcher ist das Unterpfand unsres Erbes, zu unsrer Erlösung ..." (Eph 1,13.14) Zum einen nennt der Apostel den Heiligen Geist den *Geist der Verheißung*, zum anderen bezeichnet er ihn als ein *Unterpfand*.

Beide Bezeichnungen weisen auf den Hoffnungscharakter des Geistes hin. Durch die Propheten wurde der Geist Gottes im Alten Testament verheißen. In der Person Jesu und am Pfingsttag erfüllten sich diese Vorhersagen. Obwohl sie erfüllt sind, bleibt der Heilige Geist selbst *der Geist der Verheißung*. Was sich bisher erfüllt hat, was der Heilige Geist der Gemeinde und jedem Gläubigen schenkt, das ist lediglich ein Anfang. Er hält noch viel mehr für uns bereit.

Um dieses zukünftige „Vielmehr" des Geistes auszudrücken, gebraucht Paulus den Begriff *Unterpfand*, besser wiedergegeben mit *Anzahlung*. Das griechische Wort *arrabon* kommt aus der Geschäftssprache jener Zeit. Wenn beispielsweise ein Geschäftspartner einem anderen eine größere Geldsumme zugesagt hatte, händigte er ihm bei Vertragsabschluß eine Anzahlung, ein *arrabon* aus. Dadurch wurde der Vertrag rechtskräftig. Nun wußte der Empfänger, daß ihm in Kürze die volle Summe ausgezahlt würde. Garantie dafür war die Anzahlung.

Der Heilige Geist ist mit solch einer Anzahlung vergleichbar. Gott hat sie selbst geleistet, indem er ihn zu Pfingsten sandte. Jeder Gläubige erhält dieses Angeld, wenn er den Heiligen Geist empfängt. Paulus sagt, daß es sich um eine „Anzahlung unseres Erbes" handelt (Eph 1,14). Weil wir durch den Glauben an Jesus Christus Kinder Gottes geworden sind, sind wir auch Erben seines Reiches.

„Sind wir aber Kinder, so sind wir auch Erben, nämlich Gottes Erben und Miterben Christi." (Rö 8,14) Jedes Gotteskind hat bei seiner Taufe im Heiligen Geist die erste Rate seines zukünftigen Erbes ausgezahlt bekommen. Diese Anzahlung geschieht „in unserm Herzen" (2 Ko 1,22) und bleibt dort verwahrt. Niemand kann uns das geschenkte Teilerbe wegnehmen oder streitig machen; denn es ist „versiegelt" durch den Heiligen Geist.

Mit dieser Anzahlung beginnt gegenwärtig für uns das ewige Leben. Dabei ist das alles doch nur die erste Anzahlung auf das hin, was Gott einst in der Vollendung für uns sein wird. Die sichtbare, öffentliche Auszahlung steht noch aus. Als erste Rate weist sie aber über sich hinaus hin auf jenen Tag, an dem das Erbe voll ausgezahlt werden wird. Das geschieht, wenn Jesus wiederkommt. Wer die Anzahlung hat, dem steht eine große Zukunft bevor. Das garantiert uns der Heilige Geist als *arrabon*.

Der gleiche gegenwartsbezogene und zukunftsträchtige Gedanke ist in einem weiteren Begriff enthalten, mit dem Paulus den Heiligen Geist kennzeichnet. Er sagt in Römer 8,23, daß „wir den Geist als Erstlingsgabe (*aparche*) haben". Die Israeliten brachten Gott die Erstlingsfrüchte ihres Feldes zum Opfer. Sie drückten damit aus, daß eigentlich die ganze Ernte Gott gehört, weil alles seiner Güte zu verdanken ist (5 Mo 26,1-11). Die Geber der Erstlingsgaben waren Menschen, Gott der Empfänger.

Paulus kehrt das Verhältnis von Geber und Empfänger um. Nicht Menschen, sondern Gott gibt diese Erstlingsgabe, erlöste Menschen empfangen sie. Der Heilige Geist ist die Erstlingsgabe des neuen Lebens, die in sich eine große Verheißung enthält. Was hier im Heiligen Geist beginnt, das wird im Reich der Herrlichkeit vollendet.

Dieses Bildwort weist gleichfalls über die Gegenwart hinaus in die Zukunft Gottes. Die Ernte der Welt kommt ganz gewiß. Gottes Geist ist die „Überbrückungshilfe"[1] zwischen dem Jetzt und dem

---

[1] Schneider, Dieter, *Der Geist des Gekreuzigten*, Aussaat Verlag, Neukirchen-Vluyn, 1987, S. 122.

Dann. Er verbindet unser Heute mit dem Morgen der Welterlösung. Als *Erstlingsgabe* garantiert der Heilige Geist die Welternte.

Der Heilige Geist als Garant der zukünftigen Auferstehung

Außer den beiden Bildvergleichen der *Anzahlung* und der *Erstlingsgabe*, die unsere Gegenwart mit der Zukunft verbinden, sagt Paulus noch mehr über den Hoffnungscharakter des Heiligen Geistes aus. In Römer 8,11 nennt er eine konkrete Zukunftserwartung: „Wenn nun der Geist dessen, der Jesus von den Toten auferweckt hat, in euch wohnt, so wird er, der Christus von den Toten auferweckt hat, auch eure sterblichen Leiber lebendig machen durch seinen Geist, der in euch wohnt."

Der Geist Gottes, der in uns wohnt, ist der Geist, der in Jesus war und ihn von den Toten auferweckt hat. Wie er sich als lebenspendender Geist an Jesus erwiesen hat, so wird er auch uns in der Auferstehung den neuen, himmlischen Leib schenken. Heute noch leben wir in unserm „sterblichen Leib". Er ist vergänglich, von Krankheit gezeichnet, dem Tod verfallen. Heute noch „sehnen wir uns nach der Erlösung unseres Leibes. Denn wir sind zwar gerettet, doch auf Hoffnung" (Rö 8,22.23). Diese Hoffnung erfüllt sich, wenn Gottes Geist in der Auferstehung den unvergänglichen Leib der Herrlichkeit erschaffen wird (1 Ko 15,42-44). Gegenwärtig wirkt der Heilige Geist in uns die Wiedergeburt und Heiligung, bei der Wiederkunft Jesu aber ist er am Ziel seines Wirkens angekommen und zahlt das volle Erbe aus.

Nach dem Zeugnis des Neuen Testaments wirken Vater, Sohn und Heiliger Geist in der Auferstehung zum ewigen Leben zusammen. Gott-Vater ist der Lebendigmacher. „So wird er [Gott], der Christus von den Toten auferweckt hat, auch eure sterblichen Leiber lebendig machen." (Rö 8,11) Der Sohn wurde durch seine Menschwerdung und Auferstehung zum „letzten Adam" und „zum Geist, der lebendig macht" (1 Ko 15,45). Der Geist wird deshalb „Christi Geist" genannt (Rö 8,9). Durch den Heiligen Geist, der in den Erlösten wohnt, werden sie auferweckt und empfangen den Ewigkeitsleib (Rö 8,11). Das ist die vom Heiligen Geist garantierte Welternte.

Wir müssen uns noch einer letzten Frage stellen, die im Hoffnungs- und Zukunftscharakter des Heiligen Geistes begründet ist. Wenn der Heilige Geist zusammen mit dem Vater und dem Sohn in einem Menschen Wohnung nimmt (Jo 14,17.23), dann hat etwas angefangen, was nie wieder aufhört, nämlich das ewige Leben. Unser irdisches Leben beginnt mit der natürlichen Geburt und ist durch den Tod begrenzt. Das ewige Leben beginnt mit der Wiedergeburt und kann vom Tod nicht mehr eingeholt werden. Dafür ist Gottes Geist die Garantie. Was geschieht aber mit dem einwohnenden Heiligen Geist, wenn der Mensch mit Leib und Seele stirbt? Was geschieht im Tod mit dem „ewigen Leben", das für den Gläubigen in der Wiedergeburt begonnen hat?

Eins ist gewiß, dem Heiligen Geist kann der Tod nichts anhaben. Er ist ja selbst die Lebens- und Schöpfermacht. Auch das uns geschenkte ewige Leben kann uns niemand mehr nehmen, selbst nicht der Tod. Obgleich wir sterben, bleibt unser ewiges Leben erhalten. Jesus hat der trauernden Martha ein nachdenkenswertes Wort gesagt: „Ich bin die Auferstehung und das Leben. Wer an mich glaubt, der wird leben, auch wenn er stirbt; und wer da lebt und glaubt an mich, der wird nimmermehr sterben. Glaubst du das?" (Jo 11,25.26)

Durch den Heiligen Geist stehen die im Glauben an Christus Entschlafenen in der Gemeinschaft mit Jesus Christus. Der irdische Tod ist nicht imstande, unser ewiges Leben und damit unsere Gemeinschaft mit Christus aufzuheben. „Denn ich bin gewiß, daß weder Tod noch Leben ... weder Hohes noch Tiefes noch eine andere Kreatur uns scheiden kann von der Liebe Gottes, die in Christus Jesus ist, unserm Herrn." (Rö 8,38.39) Auch im Tod stehen wir im ewigen Leben. Dafür ist der Heilige Geist unser Garant.[1]

---

[1] „Der Heilige Geist ist eine Gottesgabe, die man mit dem Tode nicht verlieren kann. Der in Christus Verstorbene hat den Heiligen Geist, obwohl er noch ‚schläft' und noch auf die Auferstehung des Leibes wartet, die ihm erst das volle

Das neue, in der Wiedergeburt durch den Heiligen Geist empfangene ewige Leben endet also nicht, wenn der Mensch stirbt. Das, was Gottes Geist im Menschen angefangen hat zu bauen, ist unzerstörbar. Unser ewiges Leben und unsere Individualität sind auch im Tod im Heiligen Geist aufgehoben. Deshalb ist er der Garant, das „Unterpfand" unsres ewigen Lebens. Das hat nichts mit einer neuen Existenzweise nach dem Tod zu tun, sondern ist eine von Gottes Geist gesetzte Wirklichkeit.

Von uns Menschen aus gesehen heißt die Todeswirklichkeit: Alle Toten ruhen in den Gräbern und warten auf den Auferstehungstag (Jo 5,28.29). Von Gott her gesehen heißt die Lebenswirklichkeit der in Christus Entschlafenen: „Gott aber ist nicht ein Gott der Toten, sondern der Lebenden; denn ihm leben sie alle." (Lk 20,38) „Leben wir, so leben wir dem Herrn; sterben wir, so sterben wir dem Herrn. Darum: wir leben oder sterben, so sind wir des Herrn." (Rö 14,8)[1] Die Kontinuität zwischen dem irdischen Leben und dem endgültigen Auferstehungsleben bildet nicht eine „unsterbliche Seele", die nach biblischer Anthropologie überhaupt nicht existiert, sondern der Heilige Geist selbst. Er bewahrt das, was er aus uns gemacht und uns geschenkt hat, in sich selbst auf, bis er es in der Auferstehung an uns vollenden wird.

Gottes Geist hält in uns die Hoffnung und das Warten auf das Kommen Jesu lebendig

Im Neuen Testament wird mehrfach auf die Verbindung hingewiesen, die zwischen dem Heiligen Geist und der christlichen Zukunftshoffnung besteht. In Galater 5,5 schreibt Paulus: *„Wir warten im Geist* durch den Glauben auf die Gerechtigkeit, auf die man *hoffen* muß."* Ohne den Heiligen Geist gäbe es für uns keine gewis-

---

und wahre Leben schenken wird." Cullmann, Oscar, *Unsterblichkeit der Seele oder Auferstehung aus den Toten?*, Kreuz Verlag, Stuttgart, 1962, S. 59.

[1] Diese Gedanken habe ich weiter ausgeführt in: *Zukunft ohne Tod,* Saatkorn-Verlag, Hamburg, 1976, S. 87-96.

se Hoffnung, vor allem keine Gewißheit, daß Jesus wiederkommen wird. Weil der Heilige Geist seinem Wesen nach ein Geist der Hoffnung ist, deshalb weckt er im Gläubigen das Verlangen, daß der Kommende kommen möge. Gefüllte Hoffnung setzt aktives Warten frei.[1] „Auch wir selbst, die wir den Geist als Erstlingsgabe haben, seufzen in uns und sehnen uns nach der Kindschaft, der Erlösung unsres Leibes." (Rö 8,23) Der Heilige Geist entfacht als „Erstlingsgabe" und „Angeld" in uns die Sehnsucht nach der vollen Auszahlung. Anders ausgedrückt, nur durch den Heiligen Geist können wir Wartende und Eilende sein und bleiben (2 Pt 3,12).[2]

In den sieben Sendschreiben der Offenbarung des Johannes wird besonders deutlich, daß der Heilige Geist das Warten auf das Kommen Jesu in den Gemeinden stärken will. Neben Lob und Tadel steht in jedem Sendschreiben die Mahnung: „Wer Ohren hat, der höre, was der Geist den Gemeinden sagt." (Offb 2,7.11.17.29; 3,6.13.22) Der Heilige Geist begleitet die Gemeinde auf ihrer Wanderschaft durch die Zeiten. Zu jeder Gemeinde spricht er. In jeder Gemeinde wirkt er. Jedes Sendschreiben endet mit einer in die Zukunft weisenden Verheißung. Jede ist angefüllt mit Adventhoffnung (Offb 2,7.11.17.26-28; 3,5.12.21). Der Grundton dieser Verheißungen wird in dem Satz zusammengefaßt: „Siehe, ich komme bald." (Offb 3,11)

Allein der Heilige Geist kann und will zu allen Zeiten in der Gemeinde Jesu das Warten auf das Kommen Jesu lebendig halten. Schwindende Adventhoffnung ist Zeichen dafür, daß die Gemeinde

---

[1] „Aber dieses Warten ist kein Verharren, kein Stehenbleiben. Der Hoffende eilt dem Ziel entgegen, er bricht auf aus allen Bindungen und Zwängen gegenwärtiger Verhältnisse. Er führt ein Leben, das durch immer neuen Exodus gekennzeichnet ist. Doch in diesen Exodus werden andere hineingezogen." Hans Joachim Kraus, *Heiliger Geist*, Kösel-Verlag, München, 1986, S. 132.

[2] „Wir stellen fest, daß der Heilige Geist als Vollender durch seinen ständigen Einfluß auf die Kirche als Ganzes und auf die einzelnen Gläubigen, die mit ihm mitarbeiten, die Parusie Christi vorbereitet und sogar beschleunigt." Jankowski, Augustyn, Christus als Vollender oder Das Wirken des Heiligen Geistes bei der Vollendung der Kirche, in: *Der Heilige Geist im Leben der Kirche*, herausgegeben von Przybylski, Bernard, St. Benno Verlag, Leipzig, 1980, S. 187.

und der einzelne Gläubige nicht mehr auf die mahnende Stimme des Geistes hören, sich nicht von ihm führen und füllen lassen. Je enger unsere Gemeinschaft mit dem Heiligen Geist ist, desto stärker wird unser Leben in allen Bereichen von der Adventhoffnung geprägt und durchdrungen sein. Aufgabe des Heiligen Geistes ist und bleibt, Jesus zu verherrlichen (Jo 16,14), und zwar den, der gekommen ist und den, der kommen wird. Der Kommende wird dadurch verherrlicht, daß erlöste Menschen auf ihn warten und sich durch Gottes Geist auf sein Kommen vorbereiten lassen.[1]

Im letzten Kapitel der Offenbarung des Johannes ergreift der Heilige Geist ein letztes Mal das Wort. Es ist ein Gebetsruf, den er zusammen mit der Gemeinde als Braut Christi an den richtet, auf den die Gemeinde wartet: „Und der Geist und die Braut sprechen: Komm!" (Offb 22,17) In diesem Ruf ist die Hoffnung der Gemeinde aller Zeiten zusammengefaßt. Der Heilige Geist hat die Sehnsucht nach dem Reich Gottes inmitten von Trübsal, Leid und Anfechtung in ihrer Mitte wach gehalten. Eine Braut erweist sich darin als Braut, daß sie sich nach dem Bräutigam sehnt und auf den Tag wartet, an dem sie mit ihm vereint sein wird. Eine Braut, die das Warten aufgibt und sich mit anderen Männern einläßt, kann nicht mehr als Braut bezeichnet werden. Jeder aber, der das Kommen Jesu erwartet, soll in die Bitte des Geistes und der Brautgemeinde einstimmen: „Und wer es hört, der spreche: Komm!" (Offb 22,17)

Am Ende der Offenbarung des Johannes und damit der ganzen Heiligen Schrift berühren wir noch einmal das Geheimnis des Betens, das in der Beziehung zwischen dem Heiligen Geist und dem Beter liegt. Nach den Worten von Paulus redet in uns der Heilige Geist mit Gott, wenn wir als Kinder Gottes beten. „Gott hat den Geist seines Sohnes in unsre Herzen gesandt, der da ruft: Abba, lieber Vater!" (Gal 4,6) Es ist der Heilige Geist, der im Gebet

---

[1] „Der Tag des Herrn', das heißt die Parusie, wird meistens als ausschließliche Angelegenheit Christi behandelt, zu Unrecht, weil nach dem Neuen Testament der letzte Augenblick der Heilsgeschichte durch das Wirken des Heiligen Geistes vorbereitet wird." Jankowski, Augustyn, angeführt bei Przybylski, Bernard, a. a. O., S. 179.

spricht. Er bedient sich dabei unseres menschlichen Sprechens: „... einen Geist der Sohnschaft habt ihr empfangen, in dem wir rufen: Abba, Vater!" (Rö 8,14 EB)

Dieser tiefen Einsicht begegnen wir noch einmal in Offenbarung 22,17. Weil der Geist Gottes, der in uns wohnt, zu Jesus ruft: „Komm!", deshalb können auch wir in diesen Gebetsruf einstimmen: „Komm, Herr Jesus!" Wer diese Bitte des Heiligen Geistes in seinem Herzen hört,[1] der wird sie aufnehmen und zum Gebet werden lassen. „Wer es hört, der spreche: Komm!"

In dieser Bitte des Heiligen Geistes hören wir die betende Stimme Jesu: „Dein Reich komme!" (Mt 6,10), und: „Vater, ich will, daß, wo ich bin, auch die bei mir seien, die du mir gegeben hast, damit sie meine Herrlichkeit sehen ..." (Jo 17,24) Wenn wir mit Heiligem Geist erfüllt sind, wird seine Sehnsucht die unsere und seine Bitte die unsere sein und bleiben. Wir werden sie immer wieder aussprechen, im Gottesdienst, im persönlichen Gebet, in unserem Herzen, in Stunden der Freude und in Zeiten des Leides, als Menschen, „die auf ihren Herrn warten" (Lk 12,36): „Maranata!" (1 Ko 16,22) Johannes hat sowohl die Bitte des Geistes gehört als auch die Antwort Jesu: „Ja, ich komme bald." Deshalb betet er, erfüllt mit Heiligem Geist – und damit schließt Gottes Wort: „Amen, ja, komm, Herr Jesus!" (Offb 22,20)

---

[1] „Unser Beten ist ein Hören auf den Heiligen Geist; denn sein Wirken unter uns ist Vorwegnahme des Endes (‚Angeld'). So ist all unser Beten Vorwegnahme des Endes: ein endzeitliches, eschatologisches Handeln. Wenn wir beten, überschreiten wir schon die Grenzen unseres Daseins. Das ist der höchste Adel des Gebets." Cullmann, Oscar, *Das Gebet im Neuen Testament*, J. C. B.Mohr, Tübingen, 1994, S. 151.

Zum Nachdenken

Was heißt, sich auf den Heiligen Geist zu verlassen?

1. Sich auf den Heiligen Geist zu verlassen, heißt sich in keiner Weise auf die eigene Kraft zu stützen, wohl aber darauf, daß der Heilige Geist uns mehr eigene Kraft gibt, als wir uns zutrauen.

2. Sich auf den Heiligen Geist zu verlassen, heißt sich in keiner Weise auf die eigene Vernunft zu verlassen, wohl aber darauf, daß der Heilige Geist uns mehr Vernunft gibt, als wir selbst begreifen können.

3. Sich auf den Heiligen Geist zu verlassen, heißt sich in keiner Weise auf den eigenen Willen zu verlassen, wohl aber darauf, daß der Heilige Geist unseren Willen so stärken kann, daß wir zu neuem Handeln kommen.

4. Sich auf den Heiligen Geist zu verlassen, heißt sich in keiner Weise auf eigene Formen der Selbstverwirklichung zu verlassen, wohl aber darauf, daß der Heilige Geist uns mehr Möglichkeiten zur Selbstverwirklichung gibt, als wir für möglich halten.

5. Sich auf den Heiligen Geist zu verlassen, heißt sich in keiner Weise auf die Charismen zu verlassen, die der Geist gibt, wohl aber darauf, daß der Heilige Geist durch seine Gaben mit uns die Gemeinde bauen will.

6. Sich auf den Heiligen Geist zu verlassen, heißt sich in keiner Weise auf eigene Methoden und Programme zu verlassen, wohl aber darauf, daß der Heilige Geist uns in seiner Weisheit die besten Wege und Methoden zeigt, durch die er mit uns Wachstum wirken kann.

7. Sich auf den Heiligen Geist zu verlassen, heißt in keiner Weise sich unter Einsatz aller Kräfte auf das Kommen Jesu vorzubereiten und ständig in angespannter Naherwartung zu leben, wohl aber darauf, daß der Heilige Geist in uns die Hoffnung und das Warten auf die Wiederkunft Jesu lebendig erhält und uns auf sein Kommen vorbereitet, sofern wir mit ihm erfüllt sind.

Anhang

Literaturverzeichnis

Barclay, William	*Er wird euch einen Beistand geben: Das biblische Zeugnis vom Heiligen Geist*, Union Verlag, Berlin, 1973
Boff, Leonardo	Kleine Trinitätslehre, Patmos Verlag, Düsseldorf, 1991
De Boor, Werner	*Was ist es mit dem Heiligen Geist?*, Evangelische Verlagsanstalt, Berlin, 3. Auflage, 1972
Brockhaus, Ulrich	*Charisma und Amt: Die paulinische Charismenlehre auf dem Hintergrund der frühchristlichen Gemeindefunktionen*, Theologischer Verlag Rolf Brockhaus, Wuppertal, 1972
Congar, Yves	*Der Heilige Geist*, St. Benno Verlag, Leipzig, 1988
Cullmann, Oscar	*Das Gebet im Neuen Testament*, J. C. B. Mohr, Tübingen, 1994
Flynn, Leslie B.	*19 Gaben des Heiligen Geistes*, Verlag Hermann Schulte, Wetzlar, 1977
Graham, Billy	*Die Kraft des Heiligen Geistes empfangen*, Hänssler Verlag, Neuhausen-Stuttgart, 1990
Haacker, Klaus	*Mit Geist beschenkt*, Bundes-Verlag, Witten, 1983

Hasel, Gerhard F.	*Die biblische Zungenrede – und die heutige Glossolalie*, Advent-Verlag, Lüneburg, 1995
Hilberath, B. Jochen	*Der dreieinige Gott und die Gemeinschaft der Menschen*, Matthias-Grünewald-Verlag, Mainz, 1990
Käsemann, Ernst	*Exegetische Versuche und Besinnungen*, Aufsatz: Amt und Gemeinde im Neuen Testament, S. 56-81, Evangelische Verlagsanstalt, Berlin, 1971
Kraus, Hans-Joachim	*Heiliger Geist – Gottes befreiende Gegenwart*, Kösel-Verlag, München, 1986
Kuen, Alfred	*Der Heilige Geist: Biblische Lehre und menschliche Erfahrung*, R. Brockhaus Verlag, Wuppertal, 1980
Lohrmann, Walter	*Frucht und Gaben des Heiligen Geistes*, Brunnen Verlag, Gießen, 1978
Mager, Johannes	*Flamme und Wind: Gabe und Wirken des Heiligen Geistes*, Saatkorn-Verlag, Hamburg, 1977
Moltmann, Jürgen	*Trinität und Reich Gottes,* 3. Auflage, Chr. Kaiser, Gütersloh, 1994
Moltmann, Jürgen	*Die Quelle des Lebens,* Chr. Kaiser, Gütersloh, 1997
Packer, James I.	*Auf den Spuren des Heiligen Geistes: Im Spannungsfeld zwischen Orthodoxie und Charismatik,* Brunnen Verlag, Basel, 1989
Przybylski, Bernard	*Der Heilige Geist im Leben der Kirche*, St. Benno Verlag, Leipzig, 1980
Richardson, William	*Der Heilige Geist und die Zungenrede*, Advent-Verlag, Lüneburg, 1995

Schneider, Dieter	*Der Geist des Gekreuzigten: Zur paulinischen Theologie des Heiligen Geistes*, Aussaat Verlag, Neukirchen-Vluyn, 1987
Schneider, Dieter	*Der Geist, der Geschichte macht: Geisterfahrung bei Lukas*, Aussaat Verlag, Neukirchen-Vluyn, 1992
Schneider, Dieter	*Anwalt in bedrängter Zeit: Der Heilige Geist aus der Sicht des Johannes*, Aussaat Verlag, Neukirchen-Vluyn, 1994
Schürmann, Heinz	*Die geistlichen Gnadengaben in den paulinischen Gemeinden*, St. Benno Verlag, Leipzig, 1970
Schweizer, Eduard	*Heiliger Geist*, Kreuz Verlag, Stuttgart, 1978
Stott, John R. W.	*Ich glaube an den Heiligen Geist*, Schriftenmissions-Verlag, Neukirchen-Vluyn, 1986
Wagner, Peter C.	*Die Gaben des Geistes für den Gemeindeaufbau*, Schriftenmissions-Verlag, Neukirchen-Vluyn, 1987
Welker, Michael	*Gottes Geist: Theologie des Heiligen Geistes*, Neukirchener Verlag, Neukirchen-Vluyn, 1992
Yohn, Rick,	*Gemeinde lebt von Gottes Gaben*, R. Brockhaus Verlag, Wuppertal, 1978